NEUE HOFFNUNG

Von Zoe Kelvedon ist bei Pony bereits erschienen:

Der erste Sommer (Ein Herz für Pferde 1), 2011

Ein Herz für Pferde 2

NEUE HOFFNUNG

Zoe Kelvedon

Ein spezielles Dankeschön an Elisabeth Faith.

Pony

Pony

Besuch uns im Internet!
www.pony-club.de

Titel der Originalausgabe: Hope's Arrival

Umschlaggestaltung: Stabenfeldt AS
Übersetzung: Albert Baier
Übersetzung S. 81/82, „18. Sonett“ von William Shakespeare: Therese Robinson

Umwelthinweis:
Dieses Buch wurde auf chlorfrei gebleichtem Papier gedruckt.

Herausgeber und Verlag:

Redaktion und DTP/Satz: Stabenfeldt GmbH
Oskar-Schlemmer-Str. 11, 80807 München
Printed in Germany 2011
ISBN 978-3-941443-17-4

KAPITEL 1

„Zügel verkürzen und weitertraben!“, rief Lizzie Batistuta.

Kate Sommers warf ihrer Cousine Clara Batistuta einen gequälten Blick zu. *Es ist zu heiß, um über den Reitplatz zu hechten. Es müssen mindestens 37 Grad im Schatten sein!*, dachte Kate. Sie musste feststellen, dass die Hitze in Argentinien Ende August gnadenlos war.

Kate half Marta, der kleinen Reiterin auf dem Pony, das sie gerade führte, beim Verkürzen der Zügel. Das Gesicht des Mädchens war ebenso sehr von der Begeisterung fürs Reiten wie von der Hitze gerötet.

Es war der erste Ponytag, der auf dem Pferdeschutzhof auf Batistuta-Ranch veranstaltet wurde, um ein wenig Geld zu sammeln. Kate und Clara hatten den Vormittag damit verbracht, den Kindern die Arbeit im Stall zu erklären: wie man eine Box ausmistet, wie man ein dreckiges Pony wieder zum Glänzen bringt und wie man Bandagen anlegt. Nun gab Kates Tante Lizzie den letzten zwei kleinen Mädchen, die den Ponytag besucht hatten, eine Reitstunde.

Kate tätschelte den Fuchs, den sie führte. Wenn man bedachte, dass Nando erst vor einem Monat sozusagen aus dem

Ruhestand zurückgeholt worden war, dann erledigte er seine Aufgabe bereits mit erstaunlicher Routine. *Er scheint stolz zu sein, seinen Beitrag für das Batistuta-Team leisten zu können*, dachte Kate, als sie die lange Seite des Reitplatzes entlang neben ihm lief. Kate konnte kaum glauben, dass erst fünf Wochen vergangen waren, seit sie von England nach Argentinien auf die Ranch ihrer Tante geschickt worden war. *Anfangs wollte ich gar nicht hierbleiben*, erinnerte sich Kate und wunderte sich, wie schnell sich alles geändert hatte.

„Okay, das reicht für heute!", wies Lizzie sie an.

Kate verstärkte den Griff um Nandos Führstrick und brachte ihn zum Stehen. „Das hast du gut gemacht", lobte sie Marta keuchend. „Ich wette, du machst bald deinen ersten Ritt ohne mich!"

Marta beugte sich vor und klopfte Nandos Hals. „Ich glaube, Nando mag mich", sagte sie in einem Englisch mit starkem spanischen Akzent. „Er hat mir die ganze Zeit zugehört." Beim Klang seines Namens drehte Nando ein Ohr zu seiner Reiterin. „Siehst du!" Marta lächelte verzückt.

„Ausgezeichnet!", rief Martas und Susannas Mutter auf Spanisch. „Gut gemacht, meine Kleinen!"

Kate freute sich, dass sie verstanden hatte, was die Mutter der Mädchen gesagt hatte. *Ich wette, in England würde ich jetzt in jedem Spanischtest eine Eins bekommen.* Nur, sie würde nicht mehr in die Schule nach England zurückkehren! Der Gedanke, dass sie das neue Schuljahr an Claras Schule in Salta beginnen würde, machte sie ein wenig nervös. Kates Eltern waren vor wenigen Wochen nach Saudi-Arabien gezogen. Ihr Vater war beim britischen Verteidigungsministerium angestellt. Ursprünglich hatten sie Kate in ein englisches Internat schicken wollen, erlaubten ihr dann aber, bei Lizzie und Clara zu bleiben.

Kate streckte Marta die Arme entgegen, um ihr beim Absitzen zu helfen. „*Gracias*“, sagte das kleine Mädchen und glitt aus dem Sattel. „Darf ich ihn führen?“

„Klar.“ Kate gab Marta den Führstrick, zog die Steigbügel hoch und lockerte Nandos Sattelgurt. „So, und jetzt los!“

Lizzie öffnete das Tor, damit die Mädchen die Ponys vom Reitplatz führen konnten. Susanna kam als Erste mit Cohete heraus. Marta folgte ihr mit Nando. Clara und Kate gingen neben den Mädchen auf den Hof.

„Das nächste Mal, wenn wir Reitstunden geben, bin ich aber die Lehrerin“, erklärte Clara mit gespieltem Murren.

„Ja, mit Sonnenschirm im Sprühregen eines Rasensprengers“, stimmte Kate ihr zu.

„Das ist sicher besser, als über den Reitplatz zu hecheln.“ Clara fächelte sich mit der Hand Luft ins Gesicht. „Ich wusste gar nicht, dass Mamá einen so quälen kann! Eines Tages werd ich mich dafür rächen!“

„Solange Marta und Susanna nicht ohne Führstrick reiten können, werde ich mich hüten, mich bei Lizzie unbeliebt zu machen“, beschloss Kate. „Sonst lässt sie mich da draußen herumrennen, bis ich zerfließe!“

„Ich kann mir gar nicht vorstellen, dass du überhaupt längere Zeit bei jemandem beliebt bist!“, zog Clara sie auf.

Kate streckte ihr die Zunge heraus. „Ich hab mich doch schon stark verbessert!“

Kate war für den Sommer auf die Ranch ihrer Tante geschickt worden, nachdem sie wegen eines dummen Streiches von der Schule geflogen war. Ihre Eltern hatten die Absicht gehabt, sie mit der Welt außerhalb ihres reichen Lebens bekanntzumachen. Weder Kate noch ihre Eltern hatten geahnt, wie sehr sie sich in das raue, rote Land und die Ranch ihrer Tante verlieben würde.

Die unbeschlagenen Hufe der Ponys klapperten auf dem Hof. Am hinteren Endes des Hofes standen zwei frisch gestrichene Ställe mit weit geöffneten Doppeltoren. Susanna und Marta gingen zum größeren der beiden Ställe und führten die Ponys in die angenehme Kühle. Sie wurden von einem durchdringenden Wiehern begrüßt.

„Hallo, Belle!“, grüßte Kate die Fuchsstute in der ersten Box. Belle spitzte die Ohren und wieherte Nando noch einmal zu. Er antwortete ihr und folgte Marta gehorsam, als sie ihn in seine Box führte. Die Stute drehte sich in ihrer Box um die eigene Achse, wirbelte die Einstreu durcheinander und spähte dann wieder neugierig über die Tür.

„Sie ist in Nando verknallt!“, kommentierte Clara das Verhalten der Stute und folgte Susanna mit Cohete in seine Box.

Kate lächelte. In der kurzen Zeit, in der Belle auf der Ranch lebte, waren sie und Nando unzertrennlich geworden.

„Ausgezeichnet.“ Kate nahm den Sattel und das Zaumzeug, dass Marta Nando abgenommen hatte. Im gleichen Augenblick hörte sie, wie ihr Name gerufen wurde. Darauf hallten eilige Schritte durch den Stall. Es waren die Zwillinge Maria und Anna, zwei weitere Mädchen, die zum Ponytag gekommen waren.

„Komm schnell!“, riefen sie, während sie auf Kate zurannten.

„Warum so eilig?“ Kate öffnete die Boxentür.

Anna packte Kate an der Hand und zog sie die Stallgasse entlang. „Schau!“ Maria stand auf Zehenspitzen und zeigte über die Tür in eine leere Box. „Wir haben die Box genauso sauber gemacht, wie du es uns gesagt hast“, erklärte sie in gebrochenem Englisch.

„Das habt ihr wirklich toll gemacht“, lobte Kate die beiden. „*Excelente!*“

Rafael Cambiaso, der Verwalter der Ranch, sah zwischen den Gittern hindurch, die die Boxen voneinander trennten. „Du hast schwer gearbeitet, oder, Kate?“

„Ja, sehr“, stimmte Kate ihm mit einem schnellen Blick auf die Uhr zu. Es war fast vier Uhr und Zeit, den Ponytag zu beenden. „Ihr könntet Marta und Susanna noch schnell dabei helfen, die Ponys abzureiben“, schlug sie den Mädchen vor. „Ich gebe euren Eltern Bescheid, dass ihr in ungefähr zehn Minuten fertig seid.“

Die Zwillinge nickten.

„Und? Wie ist es gelaufen?“, fragte Rafael, als die Mädchen davonhüpften.

„Sie haben jede Minute genossen. Wenn wir ihre Begeisterung in Flaschen abfüllen und verkaufen könnten, hätten wir bald keine Geldsorgen mehr“, antwortete Kate lachend und sah zu, wie Rafael Sanchez bürstete. „Wie geht's ihm heute?“ Als der schwarze Wallach zusammen mit Belle und der Stute Romany auf der Ranch ausgesetzt worden war, war er stark unterernährt gewesen. Nach ein paar Wochen ordentlicher Fütterung und Pflege hatte sein Fell wieder zu glänzen begonnen. Und sein Vertrauen in Menschen kehrte auch langsam wieder zurück.

„Er ist putzmunter und ganz wild darauf, endlich rauszukommen“, antwortete Rafael.

Kate streckte die Hand über die Boxentür und strich mit den Fingern über die Nüstern des Wallachs. „Ich kann kaum glauben, wie schnell er sich erholt hat.“

„Ein Pferd verlangt nicht viel“, erklärte Rafael. „Futter, einen Unterstand und ein wenig Liebe. Dann ist es schon glücklich.“

Kate ging nachdenklich die Stallgasse entlang. *Wären Menschen doch auch so durchschaubar und unkompliziert wie Pferde.* Ihre Gedanken schweiften zu ihrer Tante Lizzie und deren Ex-Mann Carlos ab. Sie hatten immer so glücklich zusammen gewirkt, dass die Nachricht von ihrer Trennung ein Schock für Kate gewesen war. Als sie zu Beginn des Sommers auf die Ranch gekommen war, hatte sie erfahren, dass ihr Onkel ausgezogen war und seine Poloponys zur Harper-Kirby-Ranch auf der anderen Seite der Stadt mitgenommen hatte. Kate hatte Carlos während des Sommers nur wenige Male gesehen. Und bei jeder Begegnung war die Spannung zwischen ihrer Tante und ihrem Ex-Mann spürbar gewesen. *Aber nun, da Tante Lizzie Onkel Carlos seinen Anteil an der Ranch auszahlen will, wird vielleicht vieles einfacher*, dachte Kate hoffnungsvoll. Ein Großteil der Spannung zwischen den beiden lag daran, dass Carlos die Ranch verkaufen wollte, Lizzie sich jedoch weigerte, ihr Zuhause zu verlassen. Als sich die Gelegenheit ergeben hatte, die Ranch in einen Pferdeschutzhof umzuwandeln, hatte Lizzie sie sofort ergriffen. *Na ja*, räumte Kate ein, *sie hat sich mehr oder weniger dazu überreden lassen ...*

Auf dem Weg zum Ranchhaus sah sie, wie Lizzie mit Martas und Susannas Eltern vor dem Haupthaus plauderte. Kate ging zu ihnen. „Die Mädchen räumen nur noch kurz im Stall auf", erklärte sie.

„Danke für den heutigen Unterricht." Eduardo Fernandez, der Vater der Zwillinge, nickte. „Den Mädchen hat es richtig Spaß gemacht."

Kate lächelte. „Uns auch."

„Es tut mir leid, aber ich muss leider los", entschuldigte sich Lizzie. „Ich muss noch in den Bioladen, bevor er schließt."

Kate folgte ihrer Tante hinüber zum Pick-up. „Die Idee mit dem Ponytag war wirklich ausgezeichnet", sagte Lizzie zu ihr. „Ein toller Einfall, Kate." Sie öffnete die Wagentür und stieg ein. „Was hältst du davon, wenn du mit Clara einen schönen Ausritt machst, als Belohnung für die harte Arbeit, die ihr heute geleistet habt?"

Kates Herz hüpfte vor Freude. Das wäre ihr erster richtiger Ausritt auf den Wegen, die hinter der Ranch in die Berge hinaufführten. „Wirklich?“

„Clara kann Sanchez nehmen“, schlug Lizzie vor und startete den Motor. „Er könnte ein bisschen Bewegung gut vertragen. Und wie wär’s, wenn du Belle nehmen würdest? Ich glaube, dass Nando und Cohete eine Pause verdient haben.“

„Ich suche sofort Clara und sage es ihr“, erklärte Kate. „Danke, Tante Lizzie!“

Kate ging eilig auf den Stall zu und sah, wie Clara gerade die Zaumzeuge an die Wandhaken hängte, die Rafael angebracht hatte. Die Ranch besaß nun dank der letzten Geldbeschaffungsaktionen und einiger Spenden vier komplette Sätze Reitausrüstung. „Deine Mutter hat gesagt, wir können mit Sanchez und Belle einen Ausritt machen!“, rief Kate atemlos. „Wir dürfen die Wege in die Berge reiten.“

Clara biss sich auf die Lippe. „Ich kann nicht mitkommen. Ich hab leider schon was vor.“ Der Blick ihrer grünen Augen wich Kate aus. „Ich habe Theaterprobe.“

„Kannst du die nicht mal ausfallen lassen?“, entgegnete Kate enttäuscht. „Komm schon, Clara! Das ist unsere erste Gelegenheit, einen gemeinsamen Ausritt zu machen!“

„Ich hab versprochen, dass ich komme. Ich hab eine Hauptrolle in Shakespeares ‚Sommernachtstraum‘. Da kann ich nicht einfach wegbleiben. Außerdem ist es die erste richtige Probe.“ Ihre Entschuldigung hörte sich sehr entschlossen an.

Kates Hochstimmung verflog. Allein würde sie so einen Ausritt nicht machen können. Dazu hatte sie nicht genügend Reiterfahrung.

„Tut mir leid“, entschuldigte sich Clara. „Vielleicht ein anderes Mal.“

„Ja, vielleicht“, murmelte Kate, als Clara eilig den Stall verließ. Ihre Cousine war ganz darauf versessen, im Stall mitzuhelfen. Vom Reiten war sie dagegen weit weniger begeistert. Kate seufzte. Sie musste sich erst noch an die Tatsache gewöhnen, dass Clara nicht am Reiten interessiert war – auch wenn das für Kate keinen Sinn ergab.

Sic versuchte, mit ihrer Enttäuschung fertig zu werden, und schlenderte die Stallgasse entlang. Sanchez spähte mit gespitzten Ohren über die Tür seiner Box.

„Tut mir leid, mein Junge. Du wirst dich mit einer Lektion auf dem Platz begnügen müssen“, erklärte Kate ihm. Sie stand vor dem Wallach und strich mit der Hand seinen Hals entlang. Durch die Mangelernährung litt Sanchez an Muskelschwund. Deshalb wirkte sein Kopf im Verhältnis zu seinem Körper um einiges zu groß. Aber er würde schon wieder zu einem gut aussehenden Pferd werden, wenn er erst einmal richtig Gewicht zugelegt haben würde.

Sanchez senkte den Kopf und fuhr mit dem Maul über Kates Hand. Einen Augenblick später sah er ruckartig auf und starrte die Stallgasse hinunter. Kate folgte seinem Blick und sah eine Gestalt, die sich gegen das helle Sonnenlicht im Eingang abhob. „Aus dem Ausritt wird wohl nichts?“, fragte eine bekannte, tiefe Stimme.

Kate nickte, als Luis Cambiaso, Rafaels Enkel, näherkam. „Clara muss zur Theaterprobe“, erklärte sie.

„Ja, hat sie mir gesagt“, bestätigte Luis. „Sie hat ein schlechtes Gewissen, weil sie nicht mitkommen kann, und hat mich gebeten, sie bei dem Ausritt zu ersetzen.“

„Du kannst reiten?“, fragte Kate überrascht.

Luis’ bernsteinfarbene Augen blitzten auf. „Na, hör mal! Ich bin Argentinier. Da gehört das einfach dazu.“

Kate hatte Zweifel. „Sanchez ist außerhalb der Ranch noch nicht geritten worden. Er könnte verrücktspielen.“

„Dann es ist es doch gut, wenn du dabei bist, um mich zu beschützen.“ Luis grinste sie an.

„Ich bin doch auch noch nicht außerhalb der Ranch geritten. Ich wäre viel zu sehr damit beschäftigt, auf mich selbst aufzupassen, um mich um dich kümmern zu können." Kate verschränkte die Arme. „Ich meine es ernst, Luis. Ich will nicht riskieren, dass Sanchez etwas passiert."

„Gut zu wissen, wo ich auf deiner Prioritätenliste stehe." Luis lachte leise in sich hinein. „Unter dem Pferd."

„Ich fürchte, genau da könntest du landen. Muss ich dich mit Leim auf den Sattel kleben?", konterte Kate.

„Nicht nötig. Ich habe vorsorglich Klettverschluss mitgebracht", gab Luis zurück und zog den Riegel von Sanchez' Boxentür zurück. „So, und jetzt kümmer dich um Belle! Ich nehme an, dass ihr, wie alle Frauen, zwanzig Minuten extra braucht?"

„Ich bin in zehn Minuten auf dem Hof", entgegnete Kate und ging los, um das Sattelzeug für Belle zu holen. „Glaubst du, dass du es auch bis dahin schaffst?"

„Hast du vor, dich während des ganzen Ausritts so herrisch aufzuführen?", fragte Luis.

„Mal sehen", rief Kate über die Schulter zurück. „Jemand muss dich doch im Zaum halten!"

Nachdem Kate die Stute gesattelt hatte, atmete sie tief durch. Sie war wegen des Ausritts nervöser als sie sich eingestehen wollte. *Du hast sie doch schon so oft geritten! Dieses Mal ist nichts anders außer der Umgebung.*

Als sie die Zügel aufnahm, führte Luis Sanchez mit klappernden Hufen vorbei. Er war bereits aufgesessen, als Kate Belle in den Hof hinausgeführt hatte.

„Warum habe ich schon vorher gewusst, dass du mich warten lassen würdest?", beschwerte er sich gespielt.

Kate verdrehte die Augen und führte Belle zur Aufsitzhilfe hinüber. Als sie den Fuß in den Steigbügel setzte, bewegte sich die Stute und Kate plumpste unbeholfen in den Sattel.

Hastig suchte sie festen Halt in Belles Mähne. Sie wartete darauf, dass Luis eine blöde Bemerkung machen würde, doch er fragte nur: „Bereit?“

Kate nickte.

Sie trieb Belle mit den Fersen an. Ein Kribbeln überfiel sie, als die Pferde auf den Weg zustrebten, der an den Ställen vorbeiführte. Nachdem sie diese hinter sich gelassen hatten, wurde der Weg breiter und wand sich bis zum Fuß einer Bergkette hinauf. Kate hielt den Atem an, da die Berge im Licht der Spätnachmittagssonne rot zu glühen schienen.

Die Pferde schritten in der neuen Umgebung mit neugierig erhobenen Köpfen und aufmerksam gespitzten Ohren dahin. Kate fragte sich, ob sich Belle beim Anblick der Berge auch wünschte, die unbekannten Wege zu erkunden. Sie strich über die seidige Mähne der Stute und beobachtete Luis einen Moment lang. Er saß locker in einem Westernsattel, den er irgendwo aus seiner Werkstatt hervorgeholt hatte. Mit geschmeidigen und entspannten Bewegungen ritt er Sanchez um ein Schlagloch herum. Kate stellte fest, dass Luis ein erfahrener Reiter zu sein schien – nicht der blutige Anfänger, für den sie ihn gehalten hatte. Sicherlich war er beleidigt gewesen, als sie ihn damit aufgezogen hatte, dass er vom Pferd fallen könnte!

„Schöner Sattel!“, war alles, was sie hervorbrachte.

„Carlos hat ihn mir geschenkt“, sagte Luis und sah über die Schulter zu ihr zurück. „Vor drei Jahren hat eine Freundin von ihm eine Reise nach Europa gemacht. Sie hat Carlos gebeten, sich während ihrer Abwesenheit um ihr American Quarter Horse zu kümmern. Sie hatte mit Magic an Rodeowettbewerben teilgenommen, und Carlos hat mich gefragt, ob ich ihn mal reiten möchte. Er hat einige Fässer auf dem Reitplatz aufgestellt, und Clara und ich sind dann im Barrel Race gegeneinander angetreten.“

Kate stellte sich ihre Cousine auf ihrem alten Pony Jetstream vor und wie sich die beiden zwischen den Fässern hindurchgeschlängelt hatten. *Ich wünschte, sie würde jetzt auch noch so gerne reiten. Vielleicht hätte sie mehr Interesse daran, wenn sie Jetstream noch hätte.*

„Und, hast du nie daran gedacht, Profi-Polospieler zu werden?", wollte Kate von Luis wissen.

Er schüttelte den Kopf. „Die Reparatur von Motoren garantiert mir ein sichereres Einkommen als das Herumreiten auf einem Feld, wo ich versuche, mit einem Schläger einen Ball zu treffen. Außerdem", er zuckte mit den Schultern, „muss ich mir jetzt überlegen, wie ich meine Familie unterstützen kann, wenn mein letztes Schuljahr beginnt."

Kate war sich sicher, Luis' Familie würde eher ihm bei der Verwirklichung seiner Träume helfen. Aber sie verbiss sich die Bemerkung.

„Nachdem Carlos' Freundin ihre Stute wieder abgeholt hatte, hat er mir diesen Sattel zum Ausreiten geschenkt", fuhr Luis fort. „Ich reite viel lieber Western als im englischen Stil."

„Onkel Carlos muss seine ganze Großzügigkeit an dich verschwendet haben", murmelte Kate. Sie nahm Carlos immer noch übel, in welch finanzielle Schwierigkeiten er Lizzie gestürzt hatte, seit er beschlossen hatte, sie zu verlassen. Er führte dagegen ein tolles Leben drüben auf der Kirby-Ranch.

„Du weißt, dass Carlos ein guter Mensch ist. Er ist immer gut zu uns gewesen", gestand Luis leise.

Kate wollte kein Lob über die menschlichen Qualitäten ihres Onkels hören. Sie verkürzte die Zügel und trieb Belle mit einem Zungenschnalzen zum Trab an. Einige Schritte lang hüpfte sie unruhig im Sattel auf und ab, bevor es ihr gelang, den Trab korrekt auszusitzen. Luis passte Sanchez'

Schritt Belles Tempo an. Kate wünschte sich, im Sattel ebenso lässig zu wirken wie er.

Der Pfad verengte sich an der Stelle, wo er in die Berge hinaufführte. Luis manövrierte Sanchez auf einen tiefer gelegenen Weg, der dem Fuß der Gebirgskette folgte.

Kate zeigte auf den schmalen Bergpfad. „Warum reiten wir nicht da hinauf?"

Luis schüttelte den Kopf. „Der ist für die Pferde für den ersten Ausritt zu schwierig."

„Aber er ist doch nur ein kurzes Stück lang so schmal. Dann wird er breiter", entgegnete Kate und erinnerte sich, wie sie mit Diego Morinigo auf seinem Motorrad da hinaufgefahren war.

Luis hielt Sanchez an und sah Kate argwöhnisch an. „Woher weißt du das?"

Kate wünschte sich plötzlich, nichts davon gesagt zu haben. Luis war wenig erfreut gewesen, als Diego sie auf dem Motorrad mitgenommen hatte. Nun zog er die Augenbrauen hoch und wartete auf ihre Antwort. „Das ist die Strecke, die wir mit Diegos Motorrad gefahren sind", gestand sie .

Luis runzelte die Stirn. „Er ist mit dir da hinaufgefahren? Auf seiner Schrottmühle?"

„Er fährt keine Schrottmühle. Und er hat sehr gut auf mich aufgepasst", entgegnete Kate schnippisch und verdrängte aus ihrem Gedächtnis, wie waghalsig Diego gefahren war. Sie würde Luis gegenüber nie zugeben, dass sie ein wenig Angst gehabt hatte, das Motorrad würde über den Rand des Pfades hinaus fliegen. „Warum bist du so gegen Diego?"

„Gegen ihn?" Luis sah sie kurz an. „Ich bin nicht gegen ihn. Ich kenne ihn eigentlich gar nicht. Ich mach mir nur Sorgen, wenn du auf seinem verkehrsunsicheren Motorrad mitfährst."

Kate zögerte. Ihr lag eine scharfe Erwiderung auf der Zunge. Aber das würde nur zum Streit führen und den Ausritt verderben. „Hör mal, wir sind doch hier, um die Landschaft zu genießen, und nicht, um über Motorräder zu streiten. Frieden?“, schlug sie vor.

Luis’ Miene entspannte sich. „Ich würde doch nie einen Krieg gegen dich führen.“ Er lächelte. Auf seinen Wangen bildeten sich Grübchen. „Höchstens für dich.“

Kate spürte ein Kribbeln im Bauch. Ihr wurde heiß. Sie senkte den Blick und nestelte an Belles Mähne herum. Doch dann trabte die Stute völlig unerwartet los. Kate fiel nach vorn.

Reaktionsschnell griff Luis in ihre Zügel. „Versuche einen ständigen Kontakt mit ihrem Maul zu halten!“, schlug er vor und verlangsamte Belle in den Schritt.

„Es gibt noch so viel, das ich lernen muss“, keuchte Kate und richtete sich im Sattel auf. „Jedes Mal, wenn ich mich darauf konzentriere, die Fersen unten und den Rücken gerade zu halten, spreize ich die Ellenbogen ab, und meine Hände drehen sich nach innen. Ich komme mir wie ein Paket vor, das immer wieder auf der anderen Seite aufgeht, wenn man gerade eine Seite zugeklebt hat!“

Luis lachte. „So siehst du aber gar nicht aus. Und du machst Fortschritte. Lizzie hätte dir sicher nicht angeboten, einen Ausritt auf Belle zu machen, wenn sie der Ansicht gewesen wäre, du wärst noch nicht so weit.“

Der Weg vor ihnen gabelte sich. Luis lenkte Sanchez auf einen sanft abfallenden Pfad, der in ein breites Tal hinunterführte. „Sieh mal! Dort ist das Weideland, auf dem Carlos’ Poloponys im Sommer gegrast haben.“ Luis zeigte auf umzäunte Wiesen. „Die Hitze ist nicht gut für die Weiden. Deshalb mussten die Pferde oft das Weideland wechseln ... damit das Gras sich erholen konnte.“

Kate sah skeptisch auf das gelbe Gras, das inmitten von

Flecken rötlich-brauner Erde wuchs. Sie wusste zwar nicht viel über Pferdehaltung, aber Gras sollte doch eigentlich grün sein, oder? „Für mich sieht das nicht wie gutes Weideland aus."

„Als die Ponys noch hier gegrast haben, wurde es während der Nacht gegossen", erklärte Luis. „Aber da hier keine Pferde mehr weiden, besteht nun keine Notwendigkeit mehr." Er hielt den Blick auf die umzäunten Koppeln gerichtet.

„Du vermisst das", sagte Kate leise.

Luis nickte. „Es waren gute Zeiten. Die Ranch hatte ein tolles ... Wie sagt man?", er zögerte, „Flair?"

„Sie wird auch wieder ein tolles Flair bekommen", prophezeite Kate optimistisch.

„Du schaffst es, einen immer wieder mit etwas Neuem zu überraschen, Kate Sommers." Ein Lächeln umspielte Luis' Lippen. „Du bist mit Sicherheit nicht berechenbar!"

„Da wir gerade davon reden, verschiedene Dinge auszuprobieren: Wie wäre es, wenn wir uns etwas schneller als nur schlendernd bewegen würden?", wagte Kate zu fragen.

„Gern. Sag einfach nur Bescheid, wenn du Probleme bekommst, ja?" Luis nahm die Zügel kürzer und bewegte ein Bein hinter den Sattelgurt. Sanchez legte die Ohren an und ging in einen schnellen Trab über.

Kate hielt Belle zurück, achtete auf genügend Abstand zwischen den beiden Pferden und trieb sie zum Trab an. Sie wollte die Stute nicht neben dem Wallach herhetzen lassen. Belle wollte Sanchez jedoch unbedingt einholen. Plötzlich ragte etwas weiter vor ihnen auf dem Pfad ein Felsblock empor, als ob er gerade erst den Abhang hinuntergerollt wäre. Sanchez verkürzte die Schritte und schlitterte seitwärts. Luis nahm die Zügel in die eine Hand und beugte sich vor, um mit der anderen Hand dem Wallach beruhigend den Hals zu klopfen. „Ganz ruhig, mein Junge!", besänftigte er ihn flüsternd. „Ich weiß, dass es wie ein Monster aussieht. Aber du bist mutig genug, um daran vorbeizukommen."

Sanchez galoppierte ohne Vorwarnung los. „Macht es dir was aus, wenn ich ihn laufen lasse?", rief Luis zurück.

„Nein, nein!" Kates Magen verkrampfte sich vor nervöser Anspannung. Sie griff die Zügel nach und ließ sich tief in den Sattel sinken. Belles Trab wurde schneller. Kate umfasste den Sattelknauf mit einer Hand, um ihren Sitz zu stabilisieren. Sobald die Stute in einen flüssigeren Galopp fand, entspannte sich Kate und konzentrierte sich darauf, ganz locker zu galoppieren.

Die Hufe klapperten auf dem ausgedörrten Weg. Eine leichte Brise wehte durch die Mähnen der Pferde. Um sie herum wurde das Tal breiter, begrenzt von hohen, dunklen Kiefern. In der Ferne glitzerte ein See. Kate stellte sich in die Steigbügel und spürte, wie Belle die Schritte verlängerte. Allmählich schrumpfte der Abstand zwischen den beiden Pferden. Luis sah über die Schulter zurück und verlangsamte Sanchez.

„Was? Wir halten schon an?", beschwerte sich Kate, als die Pferde in den Schritt übergingen.

„Ich wollte auf Sanchez' Stolz Rücksicht nehmen", erklärte Luis ihr. „Ich glaube nicht, dass er es gut finden würde, von einer Frau überholt zu werden."

„Willkommen im einundzwanzigsten Jahrhundert!" Kate lachte. Ihr Haar hatte sich gelöst und honigblonde Strähnen umspielten ihre Wangen.

Luis klopfte Sanchez' Schulter. „Wir brauchen mehr Männer auf der Ranch. Zur Zeit sind wir zweifellos in der Minderheit!" Er warf Kate einen ausgelassenen Blick zu.

Sie hielt seinem Blick stand. „Daran wirst du dich gewöhnen müssen!", verkündete sie. „Ich werde jedenfalls auf der Ranch bleiben!"

KAPITEL 2

Als Kate Belle im Stall den Sattel abnahm, zeichneten sich darunter breite Schweißspuren auf dem Rücken der Stute ab. Kate holte einen Eimer Wasser, tauchte einen Schwamm hinein und drückte ihn dann über den schweißnassen Beinen aus. Die Stute hatte während der vergangenen Wochen ordentlich zugenommen. Kate dachte daran, wie gut sich Belle auf dem Ausritt benommen hatte. Sie fragte sich, ob die Stute versuchte, sich für all die Liebe und Pflege, die sie auf der Ranch erhalten hatte, zu bedanken.

„Du brauchst mir nicht zu danken", flüsterte Kate und drückte Belle einen Kuss auf das samtige Maul.

„Sanchez ist versorgt. Machst du hier weiter? Ich habe einem Typen versprochen, mich mit ihm zu treffen und mir mal sein Motorrad anzusehen", rief Luis über die Boxentür hinweg.

„Klar! Kein Problem. Übrigens, danke, dass du mitgekommen bist", sagte Kate.

„Gern geschehen", antwortete Luis und winkte ihr kurz zu. „Ach ja, Yayo fährt mich zu dem Treffen. Ich fürchte, er wird nicht da sein, um dir heute Abend zu helfen."

Als Luis' Schritte verhallten, wurde Kate bewusst, dass sie die ganze abendliche Stallarbeit allein machen musste. Lustlosigkeit überfiel sie, als sie Belles Sattelzeug zu einem Ständer hinübertrug, wo Sattel und Zaumzeug gereinigt werden konnten. Es würde eine Ewigkeit dauern, die Fütterung vorzubereiten, frisches Heu auszuteilen und den Hof abzuspritzen und zu kehren. Sie merkte plötzlich, wie müde und hungrig sie war. Seufzend band sie ihr Haar zu einem Pferdeschwanz und ging dann los, um einen Eimer Wasser zu holen.

Kate arbeitete schnell. Dennoch – als sie die Stallgasse hinunterging, um ein letztes Mal nach den Pferden zu sehen, stellte sie fest, dass es fast sieben Uhr war. Ihr Magen knurrte. Sie warf einen Blick über Cohetes Boxentür. „Weißt du eigentlich, wie glücklich du dich schätzen kannst, dass du Zimmerservice hast?", fragte sie den Apfelschimmel. Cohete fraß sein süß duftendes Heu und ließ Kate dabei nicht aus den Augen.

„Also, dann bis morgen, mein Prachtjunge." Kate warf ihm eine Kusshand zu und verließ den Stall. Auch wenn sie alle Pferde liebte, Cohete würde immer einen besonderen Platz in ihrem Herzen einnehmen. Auf dem Weg zum Haus hinüber erinnerte sie sich daran, wie sie vor einigen Wochen auf den Wallach gestoßen war: Er war am Rand der Stadt von einer Gruppe Jungen gequält worden. Wütend über die Misshandlung des dürren, verängstigten Ponys, hatte Kate es kurzerhand losgebunden und von dem total abgegrasten Stück Wiese zur Ranch gebracht. *Tante Lizzie hat ihn dann endgültig gerettet, indem sie Nandos Sattel verkauft hat, um den Preis für Cohete bezahlen zu können*, dachte Kate, als sie die Verandatreppe hinaufging. *Sonst hätte Cohetes Eigentümer ihn wieder mitgenommen.*

Kate zog die Stiefel aus und trat in die angenehme Kühle

des gefliesten Flurs. Durch die Klapptür ging sie in die Küche und stellte erleichtert fest, dass Santa Cambiaso, Luis' Oma, gerade Geschirr spülte. „Hallo Santa! Ich bin irre hungrig! Du wirst nicht glauben, wie fleißig ich heute den ganzen Tag war!“ Kate ließ sich auf einen Stuhl am Tisch plumpsen. „Was gibt's zum Abendessen?“

„Ich habe keine Ahnung“, antwortete Santa. „Vermutlich Sandwich. Im Kühlschrank sind noch aufgeschnittener Schinken und Salat.“

„Muss ich mir mein Essen selbst machen?“, fragte Kate erstaunt. Santa war Lizzies Haushälterin und bereitete normalerweise das Abendessen zu.

„Du bist nicht die Einzige, die einen anstrengenden Tag hatte“, entgegnete Santa. „Jemand musste Mittagessen für den Ponytag machen und derselbe Jemand musste den Bus in die Stadt nehmen, um die wöchentlichen Einkäufe zu erledigen, weil heute alle anderen zu beschäftigt waren, um diesen Jemand in die Stadt zu fahren.“

Kate biss sich auf die Lippe, da ihr bewusst wurde, dass sie sich gerade nicht sehr taktvoll verhalten hatte. „Tut mir leid, Santa“, entschuldigte sie sich. „Willst du auch ein Sandwich?“

„Nein, danke!“ Santa band ihre Schürze auf. „Ich gehe jetzt nach Hause. Wir sehen uns morgen.“ Santa und Rafael lebten mit Luis in einem kleinen Anbau an der Rückseite des Pferdestalls.

Kate ging zum Kühlschrank und nahm den Schinken heraus. Sie benötigte alle Schinkenscheiben für einen großen Stapel Sandwiches. Nachdem sie sich Orangensaft eingegossen hatte, trug sie den Teller und das Glas ins Arbeitszimmer. Sie setzte sich auf den alten Drehstuhl und schaltete den Computer ein; das neueste Ausrüstungsstück, das die Batistuta-Ranch als Spende erhalten hatte. Obwohl der PC nicht mehr ganz neu war, war er einst ein erstklassiges Gerät gewesen. Kate erinnerte sich, wie lässig Diego in der vergangenen Woche gewesen war, als er mit Monitor, Tower und Drucker angekommen war. „Mein Papá hat ihn ausgemustert“, hatte er schulterzuckend erklärt. „Wir dachten, dass ihr ihn vielleicht gebrauchen könntet.“

Luis begreift nicht, wie viel Diegos Familie für die Ranch getan hat, ging es Kate durch den Kopf. Sie war immer noch über Luis' Einstellung zu ihrem Kumpel frustriert.

Nachdem sie den Computer hochgefahren hatte, loggte sie sich in ihren E-Mail-Account ein. Sie begann eine neue Nachricht und adressierte sie an ihre Eltern und ihre beste Freundin Louisa in England.

Hallo, ihr Lieben,

wir hatten heute einen Ponytag, der zwar viel Arbeit, aber auch viel Spaß gemacht hat. Am wichtigsten war natürlich, dass wir zusätzliches Geld eingenommen haben! Wir haben eine riesengroße Wunschliste, was wir für den Pferdeschutzhof brauchen: Futter, Einstreu, Medikamente, Decken, Sattelzeug ... und da sind die Kosten für Tierarzt und Hufschmied noch gar nicht berücksichtigt.

Danach habe ich einen tollen Ausritt mit Luis unternommen. Er hat Sanchez geritten und ich Belle. Die Stute ist echt süß und ganz sanft. Sie wird mal ein hervorragendes Pony, wenn wir sie wieder ganz hinbekommen. Sanchez ist äußerst nervös und muss in ein Zuhause mit erfahrenen Reitern kommen; aber erst, wenn er dazu bereit ist. Tante Lizzie meint, dass er den Menschen immer noch nicht ganz vertraut.

Im Augenblick verbringe ich fast meine gesamte Zeit mit Reiten oder ich helfe bei den Pferden aus. Ich weiß nicht, wie ich die ganze Arbeit auf der Ranch schaffen soll, wenn die Schule anfängt. Es ist ja nicht so, dass Tante Lizzie ihren Teil-

zeitjob im Gesundheitszentrum aufgeben kann. Sie sagt, das ist das einzige regelmäßige Einkommen, mit dem wir im Augenblick sicher rechnen können.

Ich kann nicht glauben, dass in einer Woche schon die Schule beginnt. Clara sagt mir ständig, dass es egal sei, dass mein Spanisch nicht so toll ist, weil es ja eine internationale Schule ist. Trotzdem mache ich mir immer noch Sorgen, ob ich da hineinpasse. Wahrscheinlich ist es ganz hilfreich, dass ich schon einige Schüler aus meinem Jahrgang kenne. Und mit Diego aus der Stufe über mir komme ich auch gut klar.

Sie zögerte und löschte dann den Teil über Diego. Sie wollte nicht, dass ihre Eltern glaubten, sie würde etwas mit einem Jungen anfangen.

Inzwischen ist es acht Uhr abends. Ich werde noch kurz duschen und dann ins Bett gehen. Morgen muss ich nämlich früh aus den Federn. Wir versuchen, möglichst viele unserer Arbeiten zu erledigen, bevor die Mittagshitze einsetzt.

Alles Liebe,

K.

Kate schaltete den Computer aus und ging in die Küche zurück. Clara suchte gerade nach etwas im Kühlschrank. „Weißt du, wo der Schinken ist?“, fragte sie.

„Äh ...“ Kate schaute auf ihren leeren Teller. „Entschuldige, ich habe nicht daran gedacht, dass der Schinken auch für dich war.“ In scherzendem Ton fügte sie hinzu: „Aber es ist noch jede Menge Salat übrig.“

„Ja ... toll!“ Claras Stimme triefte vor Frustration. „Genau danach habe ich mich auf dem ganzen Weg gesehnt, als ich mit dem Rad nach Hause gefahren bin. Salat!“

„Ich war hungrig“, verteidigte sich Kate. „Ich muss heute zigtausend Kalorien verbrannt haben.“

„Du bist nicht die Einzige, die schwer gearbeitet hat,

Kate." Clara knallte die Kühlschranktür zu. „Und du wirst dich an die Tatsache gewöhnen müssen, dass das hier nicht deine Londoner Luxusbude ist, wo sich die Regalbretter unter Kaviar und Trüffeln biegen."

„Wie wär's, wenn du diese Tür wieder aufmachst und da hineingehst! Du brauchst mit Sicherheit eine Abkühlung!", konterte Kate.

Claras Lippen zuckten. Einen Augenblick später zog sich ein Grinsen über ihr Gesicht. „Wie wär's, wenn ich das oberste Fach nehme, und du das mittlere?"

Kate kicherte. „Das mit dem Schinken tut mir echt leid. Beim nächsten Mal frage ich, bevor ich ihn aufesse."

„Mach dir keine Sorgen! Geht schon in Ordnung", meinte Clara. „Ich mach mir ein paar Spiegeleier. Möchtest du auch welche? Wir wollen doch nicht, dass du vom Fleisch fällst."

Kate schnitt eine Grimasse. „Ich geh jetzt ins Bett. Also, dann bis morgen."

„Träum was Schönes!", rief Clara ihr nach.

Als Kate die steinerne Wendeltreppe hinaufging, läutete ihr Handy. Sie holte es aus der Tasche und las die SMS von Diego. „Hast du daran gedacht, den Blog auf der Webseite zu beginnen?"

Kate stöhnte auf. Sie war viel zu müde, um ins Arbeitszimmer zurückzugehen und über einen Eintrag nachzudenken. Diego hatte versprochen, den täglichen Blog auf die Webseite des Pferdeschutzhofes hochzuladen. *Ich fang morgen damit an*, beschloss Kate. Aber sie musste unwillkürlich über die Tatsache lächeln, dass Diego sich so sehr für die Ranch interessierte und sie an den Blog erinnerte.

Als Kate am nächsten Morgen aufwachte, hatte sie eine Menge Ideen für den Blog. Beschlossene Sache war bereits, ihn aus Romanys Sicht zu schreiben. Sie war das dritte Pferd, das zusammen mit Belle und Sanchez ausgesetzt worden war. Mit Carlos' Hilfe hatten sie herausgefunden, dass Romany früher ein berühmtes Polopony namens Bright Spark gewesen war. Folglich kam nur sie für die Hauptrolle in dem Blog in Frage. Sie hatten die Stute in Romany umbenannt, damit sie wusste, dass sie nie wieder vernachlässigt werden würde. Im Gegensatz zu Bright Spark, als sie als Polopony ausgedient hatte.

Nach dem Frühstück gingen Kate und Clara in den Stall. Als sie das Tor aufmachten, wurden sie von einem wiehernden Chor begrüßt.

„Wenn du die Fütterungen übernimmst, fange ich schon mal mit dem Ausmisten an", bot Clara an. „Glaubst du, dass wir bis halb neun mit allem fertig sind? Ich habe versprochen, dass ich heute um neun Uhr zur Probe komme."

„Kein Problem." Kate richtete die Futtereimer her. Währenddessen holte Clara eine Mistgabel und die Schubkarre.

Romany stieß ein tiefes Wiehern aus, als sie Kate sah.

„Hungrig?" Kate lächelte, als sie die Tür aufzog und Romany das Futter hinstellte. Die braune Stute senkte die Nase in ihren Futtereimer und schnaubte zufrieden. Kate fuhr mit der Hand an Romanys Hals entlang und murmelte: „Ich glaube nicht, dass du in deinem Leben je wieder einen vollen Futtereimer als selbstverständlich betrachten wirst."

Kate ließ die Pferde in Ruhe fressen und ging, um Clara beim Ausmisten zu helfen. „Komm", sagte sie und packte die Griffe der Schubkarre, „ich leere sie für dich aus."

„Danke!" Clara warf eine letzte Gabel schmutziges Stroh in die Karre.

Kate leerte sie aus und beschloss, nach der Arbeit in die Stadt zu gehen, um sich nach neuen Klamotten umzusehen. Ihre Eltern hatten ihr Taschengeld geschickt, damit sie sich

Schulsachen besorgen konnte, und ihr erlaubt, sich einige neue Sommersachen zu kaufen. *Reithosen sind wohl kaum das Richtige für die Schule.*

Nachdem sie ihre Arbeit erledigt hatte, ging Kate ins Ranchhaus hinüber, um zu duschen. Anschließend zog sie eine Shorts und ein rotes T-Shirt an und ging ins Erdgeschoss hinunter. Sie hatte gehofft, von Lizzie in die Stadt mitgenommen zu werden. Aber die war bereits zur Arbeit gefahren. Also blieb ihr nur das Fahrrad. Sie musste die Zufahrt entlang kräftig in die Pedale treten und genoss die leichte Brise des Fahrtwindes.

„Jetzt ist es nicht mehr weit“, keuchte Kate nach einigen Kilometern und musste an einer Kreuzung anhalten. Als die Ampel auf Grün umschaltete, ließ sie das Rad im Freilauf den Hügel hinunterrollen. Sie war froh, ihren Beinen eine Pause gönnen zu können. Sie hielt an einem Platz mit Fahrradständern an und kettete das Vorderrad mit einem Vorhängeschloss an. Da ihr Mund von der staubigen Fahrt total ausgetrocknet war, steuerte sie auf das nächste Café zu. Sie bestellte sich einen Kokosnuss-Smoothie und setzte sich an die Theke, um ihn zu trinken.

„Heute ist es hier etwas ruhiger als das letzte Mal, hm?“, sagte eine Stimme hinter ihr.

Kate drehte sich auf dem Stuhl um und sah in ein Paar haselnussbraune Augen. „Hallo, Julia!“ Sie lächelte. Sie hatten sich vor ein paar Wochen kennengelernt, als Diego Kate eingeladen hatte, mit einigen seiner Freunde auszugehen. „Was machst du denn hier?“

„Ich bin dir gefolgt“, gestand Julia. „Ich komme gerade von ‚Antonella‘.“ Sie nickte in Richtung der beiden Einkaufstüten, die sie abgestellt hatte. „Sie hat eine neue Klamotten-Lieferung hereinbekommen.“ Sie griff in eine der Tüten und breitete ein gepunktetes Sommerkleid aus.

„Wow ... cool“, bewunderte Kate das Kleid. „Ich habe gar nicht gewusst, dass es in der Stadt so tolle Boutiquen gibt.“

„Trink aus!“ Julias Augen funkelten. „Eine zweite Tour kann mir nicht schaden!“

Kate leerte ihr Glas und glitt vom Hocker. „Au ja, plündern wir mein Taschengeld!“

Julia führte sie ein Stück die Hauptstraße hinauf und bog dann in eine enge Gasse ein. Die Gebäude an jeder Straßenseite standen so dicht beieinander, dass kaum Sonnenlicht die Schatten durchdrang, die von den steil abfallenden Dächern geworfen wurden. In den oberen Stockwerken hatte man Wohnungen eingerichtet, während die Erdgeschosse zu Läden umgebaut worden waren. Hocherfreut sah Kate die Geschäfte für Kleidung, Geschenke und Dekoration. „Das hätte ich nicht erwartet!“

Julia drückte die Tür zur ersten einer Reihe von Modeboutiquen auf. „Die haben eine große Auswahl an Klamotten für Jugendliche.“

Kates Begeisterung wurde ein wenig gedämpft, als sie die Reihen mit den karierten und bunt bedruckten Klamotten sah. Ihr Geschmack war eigentlich etwas schlichter.

„Guten Tag, Señorita“, begrüßte sie eine dunkelhaarige Verkäuferin hinter der Ladentheke auf Spanisch. „Schon wieder zurück?“

Während Kate die spanische Begrüßung der Frau verstehen konnte, konnte sie der Antwort von Julia nicht ganz folgen. Deshalb sah sie sich die Klamotten etwas näher an, die an der ersten Stange hingen.

„Das da wäre ideal für dich.“ Julia ging zu Kate und nahm ein lilafarbenes Spitzenkleid. „Und das würde supertoll mit diesen da aussehen!“ Sie wählte ein Paar rote Leggings aus und hielt beide Kleidungsstücke an Kate.

Damit mache ich mich total lächerlich, dachte Kate. Da sie

Julias Gefühle nicht verletzen wollte, hängte sie sich die Kleidungsstücke über den Arm und nahm ein Paar hautenge Jeans vom nächsten Regal.

Julia runzelte die Stirn. „Na schön, ich erlaube dir drei langwierige Teile und das war's dann."

Kate sah sie verwirrt an.

„Was habe ich gesagt?", fragte Julia.

„Langwierige Teile?" Kate zog die Augenbrauen hoch.

Julia kicherte. „Ich meine natürlich langweilig. Du denkst jetzt sicher, bei einer englischen Mutter müsste mein Wortschatz eigentlich besser sein ... Jedenfalls kannst du dir drei langweilige Sachen aussuchen, aber nicht mehr!"

Kate setzte zu einem Scheinangriff an. „Langweilig, *moi*?"

„*Mais oui, tu n'es pas aventureuse*", konterte Julia.

Kate stöhnte. „Ich war gerade nicht am Tisch, als das Sprachtalent verteilt wurde. Sag mal, wie viele Sprachen kannst du eigentlich?"

„Fließend Spanisch, Englisch und Französisch", antwortete Julia, während sie weiter Klamotten für Kate zum Anprobieren aussuchte, „und mein Deutsch ist ganz passabel. Jedenfalls hat das Frau Peters gemeint."

„Frau Peters?", fragte Kate. „Ist das unsere Deutschlehrerin?" Kate versuchte immer noch, sich an den Gedanken einer neuen Schule zu gewöhnen.

„Wenn du dich entscheidest, Deutsch als Fach zu nehmen", nickte Julia. „Aber du solltest vielleicht besser Spanisch nehmen." Sie trat einen Schritt von Kate zurück. „Meinst du, das reicht für den Anfang?"

Kate sah auf den Berg von Kleidern, der über ihrem Arm hing. „Ich glaube, das ist mehr als genug!", antwortete sie lachend und ging zur Umkleidekabine.

„Probier doch zuerst mal den Rock und die Bluse", rief ihr Julia durch den Vorhang zu.

„Zusammen?“ Der entsetzte Ton in Kates Stimme war nicht zu überhören.

„Was denn sonst?“, fragte Julia lachend.

„Vielleicht sehen sie ohne Kleiderbügel besser aus“, sagte Kate leise, als sie die limonengrüne Bluse und den Ballonrock anzog. Sie starrte sich im Spiegel an und sah, wie sich das Grün mit ihrem blonden Haar und den braunen Augen biss. Der bauschige Rock ließ ihre Beine wie dünne Stöckchen aussehen. „Das sieht unglaublich bescheuert aus!“

„Ich hab's gehört!“ Julia riss den Vorhang zurück. „Wow! Scharf!“ Julia zwinkerte Kate zu. „Dir ist schon klar, dass ich diese Einkaufsorgie nur mache, um dich dem Trend an der Schule anzupassen? Jeder trägt so was“, versicherte Julia ihr. Sie schüttelte ihr langes, rotes Haar zurück. „Vertrau mir! Und ich finde, du solltest das Spitzenkleid zur Party nächsten Freitag tragen.“

„Party?“ Kate runzelte die Stirn. „Was für eine Party?“

„Diego kennt einen, der auf der anderen Seite der Stadt eine Party gibt“, antwortete Julia. „Diego hat ein paar Leute eingeladen mitzukommen. Er hat uns das heute Vormittag per E-Mail geschrieben. Du warst unter den Empfängern.“

Kate verspürte ein Kribbeln. Sie hatte den ganzen Sommer über noch keine Party gefeiert. „Ich checke meine E-Mails, wenn ich nach Hause komme“, sagte sie zu Julia. Sie wühlte in dem Kleiderstapel herum und zog das Spitzenkleid heraus. „Na schön, dann zieh ich eben dieses Kleid an. Aber nur, wenn ich es mit den weißen Leggings statt der roten kombinieren kann.“

„Im Feilschen bist du ganz schön hart!“ Julias Augen blitzten schelmisch. „Vielleicht nimmst du beide Leggings und schaust, worauf du an dem Tag Lust hast?“

Kate kicherte. Es kam ihr wie eine Ewigkeit vor, seit sie mit Louisa ihre letzte Shoppingtour gemacht hatte.

„Einverstanden“, gab Kate zurück, als sie sich aus ihrem Top schälte. „Was soll ich als Nächstes anprobieren?“

Als sie schließlich mit Einkaufstüten beladen aus dem Laden kamen, fragte sich Kate, wie sie all die neuen Kleider zur Ranch transportieren sollte.

Julia verzog das Gesicht. „Meine Sachen nach Hause zu bekommen, ist die geringste Sorge. Sie an meinem Papá vorbeizuschleusen, wird allerdings militärische Taktiken erfordern.“

„Pack ihn doch bei seinem beruflichen Ehrgeiz und schlag ihm vor, er soll einen Zeitungsartikel über die Konsumgewohnheiten von Teenagern zu Beginn des neuen Schuljahrs schreiben!“, meinte Kate grinsend. Julias Vater war Reporter bei der Lokalzeitung. „Und erklär ihm, dass deine Einkäufe eine Art Beitrag zu seinen Recherchen sind.“

Julia kicherte. „Ich bin überrascht, dass Clara nicht mit dir in die Stadt gekommen ist. Dann hättest du eine zusätzliche Lenkstange, an die du deine Tüten auf dem Nachhauseweg hängen könntest.“

„Sie konnte nicht“, sagte Kate und starrte auf ein Paar Schnürstiefel in einem Schaufenster. „Sie hat heute den ganzen Tag Theaterprobe.“

„Aber bevor ich in das Café gekommen bin, hab ich Clara auf der Hauptstraße gesehen.“ Julia zeigte auf ein Paar Sandalen in der Auslage. „Die würden toll zu deiner Jeans passen.“

Kate drehte sich um und sah ihre Freundin überrascht an. „Das kann nicht Clara gewesen sein! Sie hat gesagt, dass sie um neun bei der Probe sein muss!“

„Sie war es bestimmt“, entgegnete Julia. „Sie kam gerade mit einigen Tüten vom Sattler.“

Kate runzelte die Stirn. Lizzie ging nicht zum Sattler, weil er teurer als der Bauernladen am Stadtrand war. Also, warum war Clara dort gewesen? Und warum hatte sie gesagt, dass sie um neun bci der Theaterprobe sein musste, wenn sie zum Einkaufen ging?

Warum hatte ihre Cousine sie belogen?

KAPITEL 3

An diesem Abend saß Kate am Computer und schrieb den ersten Teil von Romanys Blog.

Das Leben auf dem Pferdeschutzhof Batistuta-Ranch ist einfach toll. Es erinnert mich an die alten Tage, als mein Eigentümer mich Bright Spark nannte und sich praktisch an sieben Tagen die Woche rund um die Uhr um mich gekümmert hat. Ich war nervös, als ich neu auf die Ranch kam, und es dauerte eine Weile, bis ich mich in meinem neuen Zuhause zusammen mit meinen Freunden Sanchez und Belle eingelebt hatte ...

Kate konnte sich gut in diese Anfangssituation hineinversetzen. Am Montag war ihr erster Schultag. Sie verspürte bereits ein nervöses Ziehen im Magen.

Clara schaute zur Tür herein. „Mamá bittet dich, dass du morgen schon deine Schulsachen packst. Sie möchte nicht, dass wir am Montagmorgen noch irgendwas suchen müssen.“ Sie verdrehte die Augen. „Ich hab sie darauf hingewiesen, dass wir die neuen Bücher in der Schule bekommen und nichts mitnehmen müssen. Aber sie wollte, dass ich es dir trotzdem sage. Am ersten Schultag fährt sie uns noch hin, aber danach müssen wir den Bus nehmen."

Kate presste ihre Hand auf ihren Bauch. Er kribbelte wie verrückt.

„Nervös?" Clara hörte sich mitfühlend an.

Kate nickte. „Ich bin mir sicher, dass alles gut gehen wird, wenn ich erst einmal dort bin. Aber die Aufregung macht mir doch etwas zu schaffen." Sie zögerte. „Wie war's heute bei der Theaterprobe?"

„Gut." Clara zuckte mit den Schultern.

„Ich frage nur, weil Julia dich heute Vormittag in der Stadt gesehen haben will." Kate beobachtete genau die Reaktion ihrer Cousine.

Clara schaute weg. „Sie muss mich mit jemandem verwechselt haben. Ich war heute nicht in der Stadt." Sie sah Kate wieder an und grinste. „Sie hat wahrscheinlich nur ein schlankes, unglaublich attraktives Mädchen mit kurzen dunkelroten Haaren und einem tollen Modegeschmack gesehen und hat angenommen, dass ich es bin."

Kate lachte. „Du hast vergessen, das gigantische Selbstbewusstsein zu erwähnen." Sie lehnte sich in ihrem Stuhl zurück. „Und wie läuft's mit Shakespeare?"

„Für einen Typen, der seit vierhundert Jahren tot ist, ist er noch erstaunlich gut in Form", antwortete Clara. „Ich würde nur gerne wissen, warum er zehn Zeilen braucht, um ein Gefühl auszudrücken, wenn eine reichen würde. Wenn er sich in der Kunst der Beschränkung geübt hätte, dann hätte ich es viel leichter, meinen Text auswendig zu lernen."

„Ja, das nennt man Dichtkunst." Kate gluckste vor Lachen. „Wenn ich dich abhören soll, sag Bescheid."

„Danke", sagte Clara. „Kann gut sein, dass ich darauf zurückkomme."

Als ihre Cousine das Zimmer verlassen hatte, war Kate überzeugt davon, dass es sich um eine Verwechslung gehandelt haben musste – genau wie Clara gesagt hatte. Sie war erleichtert. Es wäre fürchterlich, wenn Clara sie belog! *So*, dachte Kate, *jetzt schreib ich wohl besser den Blog zu Ende und schick ihn Diego*.

Hallo, Diego,

hier ist der erste Teil von Romanys täglichem Blog. Gib mir Bescheid, ob du meinst, dass er in Ordnung ist! Danke für die Einladung zur Party. Ich komme!

Bis Montag

K.

Eine Party! Wie aufregend!

„Kate! Mamá ist schon draußen, um den Pick-up zu starten! Kommst du?", rief Clara am Montagmorgen.

„Eine Minute noch!" Kate versuchte, ihre Hand so weit zu beruhigen, dass sie den zweiten Ohrring anstecken konnte. Mit einem verärgerten Zungenschnalzen gab sie es schließlich auf und steckte ihn in ihre Tasche. Sie überprüfte ein letztes Mal ihr Aussehen im Spiegel. Wegen der Klamotten war sie sich noch immer unsicher. Hastig schälte sie sich aus der schwarz-rot gestreiften Hose und zog stattdessen einen Jeans-Minirock an, der nicht ganz so unpassend zu der übergroßen, karierten Bluse wirkte. Sie schlüpfte in ein Paar Ballerinas, griff nach ihrer Tasche und rannte zum Pick-up.

„Alle bereit?" Lizzie wartete, bis Kate den Gurt geschlossen hatte.

„Ja", sagte Kate.

Clara zog eine Augenbraue hoch. „Ist der Ein-Ohrring-Look beabsichtigt?"

Mit Hilfe des kleinen Spiegels in der Sonnenblende gelang es Kate schließlich, den zweiten Ohrring zu befestigen. Sie starrte aus dem Fenster, als sie an den Ponys vorbeifuhren, die auf der Koppel grasten. Nando und Belle machten gerade Fellkraulen. Ihre Mähnen wippten, als sie ihre Hälse mit den Lippen berührten. Kate unterdrückte einen Seufzer. Ihr fielen zigtausend Dinge ein, die sie lieber getan hätte, als zur Schule zu gehen – und alle hatten mit Pferden zu tun.

Sie fuhren einige Kilometer an Weinbergen und kleinen Bauernhöfen vorbei, bis die Gegend zunehmend städtischen Charakter annahm. Schüler mit Schultaschen im Arm gingen den Bürgersteig entlang und liefen zu einer Reihe rot gedeckter Gebäude mit einem gepflegten Rasen davor.

Lizzie hielt den Pick-up am Straßenrand an. „Ist es in Ordnung, wenn ich euch hier rauslasse?“, fragte sie.

„Kein Problem, Mamá“, sagte Clara und sprang aus dem Wagen.

„Danke fürs Fahren.“ Kate stieg aus.

„Ich wünsch euch einen schönen Tag. Und Clara: Kümmere dich um deine Cousine!“, rief Lizzie ihr nach.

Eine Gruppe Mädchen ging vorbei und kicherte. Kate spürte, wie sie rot anlief. „Ich komm schon klar. Sag mir nur, wo's zum Sekretariat geht!“, bat sie Clara, als sie die Einfahrt zur Schule hinaufgingen.

„Wenn du meinst!“ Clara klang überrascht.

Sie gingen schweigend bis zur Schule. „Ich muss mich da drüben eintragen.“ Clara zeigte auf ein mehrstöckiges, weißes Gebäude. „Aber zum Sekretariat geht's da lang.“ Sie gingen auf das ältere, rote Gebäude zu, vorbei an einem kleinen Teich mit Bänken rund ums Ufer. Glastüren öffneten sich zur Eingangshalle, und Clara führte Kate zum Sekretariatsbüro. „Das ist meine Cousine Kate Sommers“, sagte sie zu einer der Sekretärinnen. „Sie ist neu an der Schule.“

Ein Telefon begann zu läuten, und die Sekretärin nahm den Hörer ab. „Ich kümmer mich in einer Minute um dich“, versprach sie und drückte einen blinkenden Knopf.

„Wir sehen uns dann in der Pause“, verabschiedete sich Clara.

Kate kämpfte gegen die aufkommende Panik an, nun auf sich allein gestellt zu sein. „Ja, sicher.“ Sie zwang sich, beiläufig zu klingen. „Dann bis später.“

Sie verlagerte ihr Gewicht von einem Fuß auf den anderen, während sie darauf wartete, dass die Sekretärin das Telefongespräch beendete. An der Wand war das Wappen der Schule angebracht. Darunter stand der Slogan der Schule: „Unser Ziel ist es, dass unsere Schüler zu Persönlichkeiten heranwachsen, deren Rechtschaffenheit und moralische Werte sie zum rechten Handeln führen.“

Kates Augenbrauen schossen nach oben. *Und die lassen mich hier rein?* Sie war von ihrer letzten Schule geflogen, nachdem sie eine Wette verloren und einen Schokoriegel gestohlen hatte. Bevor Kate ihn hatte zurückgeben können, war sie erwischt und vor die Rektorin zitiert worden. Das war wohl kaum ein Beispiel für die Rechtschaffenheit und moralischen Werte, die diese Schule vertrat.

Ein nervöses Kichern entfuhr Kate, als sie sich in dem vornehmen Sekretariat umsah. Drei Schüler füllten in einer Sitzgruppe aus burgunderroten Ledersesseln Formulare aus. Kate fragte sich, ob sie ebenfalls neu waren.

Kate wünschte sich plötzlich, doch nicht den Minirock statt der schwarz-rot gestreiften Hose angezogen zu haben. Es sah so aus, als ob das wilde Muster viel besser zu den anderen Schülern gepasst hätte. Sie sah bedauernd auf den Jeansrock und die Ballerinas hinunter. *Zu Hause hab ich die Trends gesetzt. Hier bin ich uncool.*

„Bilde ich mir das nur ein oder hast du dich hierher verlaufen?“, fragte eine amüsiert klingende, vertraute Stimme hinter ihr.

Kate drehte sich um und sah in Diegos dunkle Augen. „Ich hab mich nicht verlaufen“, entgegnete sie. „Ich weiß genau, wo ich bin.“

„Habe ich dir je gesagt, wie entzückend ich deinen englischen Akzent finde?“ Diego legte ein Schulbuch auf die Empfangstheke.

Kate wehrte sich dagegen, sich von ihm schmeicheln zu lassen. „Möglich, aber ich führe nicht über jedes Gespräch Protokoll.“

Diego nickte. „Du versuchst mir damit wohl zu sagen, dass ich nicht so unvergesslich bin, wie ich glaube. Wahrscheinlich muss ich mir mehr Mühe geben.“ Er griff über die Theke, nahm ein Formular und wechselte schnell das Thema. „Du musst zuerst das hier ausfüllen“, erklärte er ihr. Er stibitzte einen Stift von der Sekretärin und reichte ihn ihr.

Kate war entschlossen, sich nicht anmerken zu lassen, wie froh sie darüber war, ein bekanntes Gesicht zu sehen. Sie füllte schnell das Formular aus und gab es der Sekretärin. „Du musst für die Anmeldung in Raum 1M1“, sagte sie und überreichte Kate einen Lageplan des Schulgeländes. „Du musst dich gleich bei deinem Anmeldelehrer melden. Señor Gallas erwartet dich.“

Kate wandte sich an Diego „1M1?“, fragte sie gedehnt.

„Komm! Ich bring dich hin. Ich kann dich doch nicht allein über das Schulgelände irren lassen. Mit deinem Ruf würde das sowieso nur Chaos bedeuten. Warum wurdest du gleich nochmal gebeten, deine letzte Schule zu verlassen?“

Kate bemerkte den überraschten Blick der Sekretärin und trat Diego auf den Fuß. „Hoppla! Entschuldige!“, sagte sie, als er zusammenzuckte. „Wie ungeschickt von mir, deinen Mund zu verfehlen.“ In der Hoffnung, in die richtige Richtung zu gehen, drehte sie sich um und marschierte zur Haupttreppe hinüber.

Diego holte sie auf der Hälfte des Weges ein. „Entschuldige!“ Seine Stimme zitterte vor Lachen. „Mir war nicht klar, dass das ein sensibles Thema für dich ist.“

„Ist es nicht“, entgegnete Kate ruhig. „Aber du musst es nicht überall herumposaunen.“

Diego zeigte auf die Tür am Ende der Treppe. „Da durch!“

Er begleitete Kate bis zum Ende des Korridors, klopfte an eine Tür und öffnete sie. „Señor Gallas“, sagte er zu dem grauhaarigen Mann, der vorne im Klassenzimmer stand. „Das ist Kate Sommers.“

„Aha, unsere neue, englische Freundin. Willkommen!“ Señor Gallas lächelte Kate an. „Komm und setz dich!“

Kate versuchte, das Gefühl zu ignorieren, hundert Augen würden sie anstarren. Sie ließ den Blick durchs Zimmer schweifen und hoffte, Clara wäre unter den Schülern.

„Wir sehen uns um drei Uhr“, flüsterte Diego ihr ins Ohr.

Kate sah sich noch einmal im Zimmer um und entdeckte ein Mädchen mit besonders langem Haar, das ihr bekannt vorkam. „Elena, stimmt's?“, murmelte sie und erinnerte sich an eines der Mädchen vom Abend im Café.

„Stimmt“, bestätigte Diego. „Also, wir sehen uns, meine englische Freundin.“

Noch bevor Kate eine schlagfertige Antwort geben konnte, war Diego schon verschwunden. Sie straffte die Schultern und ging zu Elena hinüber. „Hallo!“ Sie lächelte sie an und fragte: „Darf ich mich zu dir setzen?“

„Natürlich.“ Als Elena ihren Stuhl etwas zur Seite rückte, um Kate Platz zu machen, ertönte ein Summen. „Die erste Stunde“, sagte Elena mit einem total gelangweilten Gesichtsausdruck, zuckte mit den Schultern und machte sich auf den Weg in ihren Kurs.

Kate zögerte und fragte sich, ob Elena nicht doch etwas dagegen hatte, dass sie sich neben sie gesetzt hatte.

„Miss Sommers.“ Señor Gallas winkte sie zu sich. „Einen Augenblick, bitte!“

„Wir reden später miteinander“, rief Kate Elena auf dem Weg zum Lehrerpult nach.

„Ich halte dich nicht lange auf.“ Señor Gallas lehnte sich in seinem Stuhl zurück und lockerte die marineblaue, gestreifte Krawatte. „Ich möchte nicht, dass du zu spät in deine erste Stunde kommst. Das ist ...“, er überflog ein Blatt Papier, „Mathematik.“

Kate unterdrückte ein Stöhnen. Mathe war das absolut schlimmste Fach für sie.

„Ich bin für dieses Jahr dein Vertrauenslehrer und damit dein erster Ansprechpartner, wenn du ein Problem oder Fragen hast.“ Señor Gallas beugte sich vor und legte seine Hände auf den Schreibtisch. „Ich habe mir das Zeugnis von deiner alten Schule angesehen. Eine durchaus interessante Lektüre!“

Kate spürte, wie ihre Wangen heiß wurden. „Also erstens, ich hatte überhaupt nichts damit zu tun, dass damals der Feueralarm losging“, sagte sie hastig, „und zweitens, diese ganze Schokoriegel-Affäre ... das war eine Wette, kein Diebstahl!“

Señor Gallas hob das Kinn. „Ich ziehe es vor, meine eigenen Schlüsse zu ziehen, Miss Sommers. Und ich glaube auch, dass es keinen Rauch ohne Feuer gibt, wie man so schön sagt. Ich werde dich sorgfältig im Auge behalten, während du dich hier eingewöhnst.“ Er gab ihr eine Kopie ihres Stundenplans. „Du solltest dich beeilen, um nicht schon jetzt einen Eintrag ins Klassenbuch wegen Zuspätkommens zu bekommen.“ Er lächelte, um seine strengen Worte etwas abzumildern, aber seine blauen Augen blickten ernst drein.

Kate drehte sich um und ging eilig aus dem Zimmer. „Warnung angekommen, laut und deutlich!“, murmelte sie, während sie auf den Lage- und Stundenplan starrte. Sie sah den Korridor hinauf und hinunter, dann wieder auf den Lageplan. Karten zu lesen war nie eine besondere Stärke von ihr gewesen. Wo musste sie hin? Sie spürte, wie Panik in ihr aufkam. Was sie jetzt nicht brauchen konnte, war ein Eintrag für zu spätes Erscheinen gleich in der ersten Unterrichtsstunde!

„Also, erst mal cool bleiben und überlegen! 1M1 befindet sich im ersten Stock, und Mathe ist in 2A3. Das heißt, zuerst nach oben. Wo ist die Treppe?“, fragte sie sich. Sie ging durch die Doppeltür zurück und kam wieder zur Haupttreppe. Auf der lief sie in den nächsten Stock hinauf.

Auf der Tür des ersten Klassenzimmers befand sich ein Messingschild mit der Aufschrift 2A1. Kate rannte zum übernächsten Raum und sah zur Tür hinein. Zu ihrer Erleichterung sah sie ganz hinten Elena sitzen. Sie entschuldigte sich schnell bei ihrer Lehrerin fürs Zuspätkommen und lief die Tischreihe entlang.

„Da!“ Elena schob ihr ein Lehrbuch über den Tisch zu. „Ich habe es für dich angenommen.“

„Danke.“ Kate setzte sich und hängte ihre Tasche über die Stuhllehne. Dann sah sie sich im Zimmer um und stellte fest, dass sie sonst niemanden kannte. „Sind Clara und Julia nicht in dieser Klasse?“

Elena schüttelte den Kopf. „Sie sind in Mathe eine Stufe über uns. Das heißt, du hast Glück und bekommst zu Hause jede Menge Nachhilfe.“

„Ja, schön wär's. Aber im Augenblick lebt, isst und atmet Clara nur noch für Shakespeare“, erklärte Kate ihr.

Elena zuckte mit den Schultern. „Ja, dann bekommst du eben jede Menge Englischnachhilfe.“

Kate brach in prustendes Gelächter aus.

„Was ist denn da so lustig?“, fragte die Lehrerin vorn an der Tafel.

„Äh ... nichts, Señora.“ Kate rutschte nervös auf ihrem Stuhl hin und her, als sich die ganze Klasse umdrehte und sie anstarrte.

„Nun, kannst du mir die Lösung der Aufgabe sagen? Ja?“, forderte die Lehrerin sie auf.

Kate spürte, wie ihr Gesicht dunkelrot anlief, während sie mit absoluter Leere im Gehirn auf die Gleichung starrte.

„X gleich fünf, und y gleich zwanzig“, flüsterte Elena.

Erleichtert gab Kate die Antwort weiter.

„Danke, Miss Garcia. Deine Freundin darf während der Pause bleiben, um einige Gleichungen ohne deine Hilfe zu lösen“, erklärte die Lehrerin kurz und bündig.

Kate sank in sich zusammen. *Wer hätte das gedacht? Es gibt tatsächlich eine Schule, die noch strenger ist als meine alte*, dachte sie entsetzt.

„Tut mir leid“, flüsterte Elena.

„Mach dir nichts draus!“, entgegnete Kate. „Es ist nicht deine Schuld.“ Sie starrte auf das Lehrbuch und versuchte, die Zahlenreihen vor ihr zu verstehen. *Jetzt wird mir klar, was ich an meiner alten Schule in England hatte.* Sie presste die Finger gegen die Handflächen. *Das war's also mit meinem Neustart. Ich bin erst fünf Minuten hier, und schon ist es eine Katastrophe.*

Kate bezahlte ihren Hähnchen-Wrap und ihren Orangensaft und trug ihr Tablett zu einem nahe gelegenen Tisch, an dem bereits Clara saß.

„Und? Wie ist es bisher gelaufen?“ Clara schob ihr Tablett zur Seite, damit Kate ihr Mittagessen abstellen konnte.

Kate schüttelte den Kopf. „Frag nicht!“ Sie versuchte das Klirren des Geschirrs zu übertönen, als ein Kantinenmitarbeiter einen Stapel Teller abräumte. Am Tisch hinter Kate brach Gelächter aus. Verlegen fuhr sie mit den Händen über ihren Rock und fragte sich, ob sie der Grund für diesen Ausbruch an Heiterkeit war. Sie hatte nicht gesehen, dass sonst noch jemand Jeans trug. Sie glitt auf die Bank gegenüber Clara und versuchte, den Lärm vom Nachbartisch auszublenden.

„Was ist schiefgelaufen?“ Clara drehte die Gabel in ihren Spaghetti.

Kate öffnete den Mund und schloss ihn gleich wieder. Sie hatte ihren Beurteilungsbogen gleich am ersten Tag mit einer Verwarnung gefüllt. *Fast hätte ich gleich am ersten Tag die disziplinarische Höchststrafe bekommen!* „Ach, weißt du, die Aufgaben unterscheiden sich doch sehr von dem, was ich gewohnt bin.“

„Du gewöhnst dich daran. Und ich kann dir helfen, wenn du bei den Hausaufgaben mal nicht weiter weißt“, bot Clara an.

„Neben deinen eigenen Hausaufgaben, den Theaterproben und der Stallarbeit?“ Kate wusste, dass sich das undankbar anhörte.

Noch ehe Clara antworten konnte, kam Diego an ihren Tisch. Er lächelte Kate an. „Rutsch mal rüber!“

Clara und Kate rückten zur Seite, sodass Diego und sein Freund sich zu ihnen setzen konnten. „Du erinnerst dich an Joaquin?“, fragte Diego.

Kate nickte. „Hallo!“

„Und, wie läuft’s bis jetzt?“

„Geht schon“, antwortete Kate und achtete nicht weiter auf Claras überraschten Gesichtsausdruck. Es war eine Sache, seine Probleme bei einem Familienmitglied abzuladen. Aber sie hatte nicht die Absicht, ihr Herz dem heißesten Typen der Stadt auszuschütten.

„So, dann kommst du also am Freitag zur Party?“ Diego lächelte sie kurz an. „Ich hab deine E-Mail bekommen.“

„Ich konnte nicht widerstehen“, sagte Kate zu ihm. „Wann geht's los?“

„Der Erfahrung nach, wann immer man dort auftaucht.“ Diego streckte die Hand aus und schob sanft eine Haarsträhne aus Kates Gesicht.

„He, ich hab von deinen Problemen heute gehört. Das liegt dir im Blut, oder?“, versuchte Joaquin sie aufzuziehen. Er blinzelte Clara zu. „Kommst du auch zur Party?“

„Ich kann leider nicht“, sagte Clara schnell. „Da die Schule wieder angefangen hat, muss ich jetzt öfter mal am Wochenende zur Theaterprobe. Da kann ich am Abend vorher nicht ausgehen.“

Kate sah Clara bestürzt an. Wenn sie beide zur Party gingen, wäre es leichter, Lizzie zu bitten, sie zu fahren und die Sperrstunde zu verlängern. „Meinst du, deiner Mamá macht es was aus, wenn ich sie bitte, mich zur Party zu fahren?“

Julia kam gerade rechtzeitig, um Kates Frage mitzubekommen. „Du kannst doch mit mir kommen.“ Sie stellte ihr Tablett auf den Tisch.

Kates Stimmung besserte sich schlagartig. „Danke, das wäre großartig.“ Sie musterte Julias Babydoll-Kleid und die derben Stiefel. „Tolles Outfit!“

„Danke.“ Julia warf theatralisch den Kopf in den Nacken. „Ich habe es in einem äußerst exklusiven Laden gekauft. Er bedient nur eine sehr auserlesene Kundschaft.“

Kates Lippen zuckten, als sie sich an Julias unordentlichen Stapel Kleidungsstücke auf dem Boden der Umkleidekabine erinnerte.

Diego streckte die Hand aus und klaute sich eine von Kates Pommes Frites. „Welches Fach hast du denn jetzt als Nächstes?“

„Kunst." Kate war erleichtert, denn es war ihr Lieblingsfach. „Das heißt, wenn ich den Raum dafür finde."

„Ich bringe dich gern dorthin", bot Diego ihr an. „Wir können doch nicht zulassen, dass du dich verläufst. Der Himmel weiß, in welche Schwierigkeiten du dann gerätst."

„Mach dir mal keine Sorgen! Ich habe den gleichen Kurs", sagte Clara, bevor Kate antworten konnte. „Julia und ich begleiten sie."

Kate spürte ganz unerwartet ein leichtes Bedauern. *Ich verbringe wirklich gerne meine Zeit mit Diego*, wurde ihr plötzlich klar. „Danke!", sagte sie zu Clara und hoffte, dass ihre Enttäuschung nicht in ihrer Stimme zu hören war.

„Keine Ursache." Claras Augen blitzten übermütig und sie schaute Diego an. „Wie Diego schon gesagt hat: Wir wollen doch alle nicht, dass du in irgendwelche Schwierigkeiten gerätst!"

„Ausgezeichnet!" Señorita Tores sah sich Kates Skizze näher an. „Du hast wirklich Talent. Hab keine Angst davor, die Striche lang und locker zu machen."

Kate studierte die Bleistiftzeichnung eines Pferdekopfes. Sie hatte Jetstream aus dem Gedächtnis gezeichnet und versucht, das gewölbte Gesicht und die ausdrucksvollen Augen des Ponys einzufangen.

„Wenn du hier noch etwas schattierst", Señorita Tores fuhr mit einem Finger über die Mähne, „dann sieht es so aus, als würde sie im Wind wehen. Ich glaube, das ist der Effekt, den du erzielen willst, oder?"

„Ja." Kate nickte. Mit leichten Strichen vertiefte sie die Schattierung und freute sich sehr, als die lange Mähne aussah, als ob sie sich kräuseln würde.

„Du hast ein ausgezeichnetes Auge für Details", lobte Señorita Tores und ging zum nächsten Schüler.

Kate starrte der Kunstlehrerin hinterher. *Ich hab tatsächlich ein positives Echo bekommen!*

„Wow! Ist das Jetstream?“ Clara beugte sich über den Tisch und drehte die Skizze, um einen besseren Blick darauf werfen zu können. „Das ist er.“

„Du hast ihn erkannt?“, fragte Kate erfreut.

„Ja, sicher.“ Clara nickte, als die Glocke läutete. Sie schob die Zeichnung über den Tisch zurück. „Darf ich es am Ende des Schuljahres haben?“

„Du kannst es gleich haben“, sagte Kate.

„Ich bin mir sicher, Señorita Tores will es für ihre Wand“, sagte Clara und zerknüllte die Skizze eines Stilllebens, an der sie gearbeitet hatte. „Im Gegensatz zu meinen armseligen Versuchen.“

Kate packte ihre Bleistifte und ihren Radiergummi weg. Ein Schüler nach dem anderen verließ den Raum.

„Ist das von dir?“, fragte eine ihr bekannte Stimme.

Kate sah hoch. Diego betrachtete ihre Skizze. „Was machst du hier?“

„Ich wollte mich nur erkundigen, ob mein Skizzenblock hier gefunden wurde. Du weißt schon, dass das wirklich gut ist, oder? Du solltest mir bei der Gestaltung der Webseite des Pferdeschutzhofs helfen.“

„Vielleicht.“ Kate glitt von ihrem Hocker und fühlte sich etwas befangen. „Wir sehen uns später.“

„Bis später“, kam es von Diego zurück.

„Er wollte Señorita Tores fragen, ob er seinen Skizzenblock hier liegen gelassen hat?“, prustete Clara lauthals, als sie den Korridor hinuntergingen. „Er hat sich diesen windigen Vorwand doch nur ausgedacht, um dich nochmal sehen zu können.“

Kate spürte, wie sie rot wurde. „Er könnte ihn ja wirklich liegen gelassen haben“, entgegnete sie.

„Ja. Allerdings hat er erst morgen Kunst“, konterte Julia trocken.

„Woher wusste Julia eigentlich, dass Diego erst morgen Kunst hat?“ Kate versuchte, ganz beiläufig zu klingen, als sie und Clara die Zufahrt zur Ranch hinaufgingen.

„Weil der Stundenplan von Señorita Tores an der Wand hängt“, antwortete Clara. „Du hättest ihn sicher gesehen, wenn du deinen Blick für ein paar Sekunden von Diego losgerissen hättest.“

„Du magst ihn nicht, oder?“, fragte Kate nach.

Clara zuckte mit den Schultern. „Ich kenne ihn nicht gut genug, um sagen zu können, ob ich ihn mag oder nicht. Aber ich weiß, dass er einen gewissen Ruf hat.“

„Da ist er nicht der Einzige“, sagte Kate. Bevor sie jedoch fragen konnte, welcher Art Diegos Ruf genau war, wurde ihre Aufmerksamkeit abgelenkt. Vor der Ranch parkte ein Pferdetransporter. Lizzie half dem Fahrer des Lasters gerade, die Rampe des Anhängers herunterzulassen.

„Ein Neuzugang?“, vermutete Clara.

Kate rannte zum Anhänger. „Was geht hier vor?“

„Das frage ich mich auch.“ Lizzie presste die Lippen zu einem dünnen Strich zusammen.

Der Fahrer war mitteilsamer. „Der Eigentümer des Ponys hat erfahren, dass Sie hier Pferde aufnehmen. Seine Tochter ist inzwischen zu groß für die Stute, und nun muss er ein gutes Zuhause für sie finden“, erklärte er in schlechtem Spanisch.

„Für die Stute oder seine Tochter? Er weiß doch, dass das hier kein Waisenhaus ist, oder?“, erklärte Clara.

„Und wir nehmen Ponys nicht wie Pakete entgegen“, sagte Lizzie, als die Rampe den Boden berührte. „Für die Aufnahme gibt es ein bestimmtes Verfahren, nach dem wir vorgehen müssen. Wir sehen jetzt mal nach, ob das Pony Futter und frisches Wasser braucht, aber dann muss es zurück."

„Das kannst du nicht machen!", protestierte Kate. „Das ist unser erster Neuzugang!"

„Wir sind nicht das Sozialamt." Lizzie schnalzte verärgert mit der Zunge.

Kate ging mit Lizzie und Clara die Rampe hinauf und starrte in das düstere Innere. Ihr Blick fiel auf ein Apfelschimmel-Pony, das sich unangebunden an die Rückseite des Anhängers drängte. „Wenigstens ist es ordentlich gefüttert worden, das ist sicher", stellte Kate fest, als sie sich die rundlichen Flanken des Ponys ansah.

„Gut gefüttert?" Lizzie stemmte die Hände in die Hüften. „Das ist kein gut gefüttertes Pony ..."

„Das", fiel ihr Clara ins Wort, „ist eine hochträchtige Stute!"

KAPITEL 4

„Auf keinen Fall!" Lizzie schüttelte den Kopf. „Die können wir nicht nehmen."

„Tante Lizzie!" Kate protestierte lauthals.

Clara legte ihren Hand auf Kates Arm. „Lass das Mamá machen!", murmelte sie, als Lizzie die Rampe hinuntermarschierte und einen Redeschwall auf Spanisch auf den Fahrer losließ.

„Was sagt sie?", flüsterte Kate.

„Sie will den Namen des Eigentümers wissen und ihn anrufen. Außerdem will sie vom Fahrer die Autoschlüssel, damit er während ihres Telefonats nicht einfach ohne die Stute wegfährt."

„Will sie dieses Pony wirklich zurückschicken?" Kate drehte sich um und starrte das Pony an. Es zitterte.

„Nein, will sie nicht", antwortete Clara.

Kate sah ihre Cousine kurz an. „Wie kannst du dir da so sicher sein?"

„Weil die Stute so kurz vor der Geburt nicht hätte reisen dürfen. Sie sollte überhaupt keinem Stress ausgesetzt sein", erklärte Clara. „Mamá lässt sie nicht mehr reisen, bis sie gefohlt hat. Aber sie wird in der Zeit auch dafür sorgen, nicht den Ruf zu bekommen, dass man jedes Problempferd einfach bei ihr abladen kann."

Kate ließ erleichtert die Schultern sinken.

„Kate, Clara! Gebt diesem Pony etwas zu trinken. Sonst bricht es noch vor Durst zusammen!", bat Lizzie und ging dann ins Haus hinüber. „Aber nur in kleinen Schlucken!"

„Sollen wir sie abladen?", fragte Kate unsicher.

Clara nickte. „Sie ist total gestresst. Wir müssen sie schnellstmöglich in eine Box bringen."

„Sie behalten sie also?" Der Fahrer grinste breit.

„Nur für heute Nacht", sagte Clara zu ihm. „Sie müssen sie morgen wieder zurückbringen. Sie können ja in der Fahrerkabine des Lasters schlafen."

Kate unterdrückte ein Kichern beim Anblick des entsetzten Gesichts des Fahrers.

„Komm, Kate!", forderte Clara sie auf. „Wir holen sie heraus!"

Als sie den Anhänger betraten, legte die Stute die Ohren an. „Ganz ruhig, mein Mädchen!", murmelte Clara, als sie sich dem Pony näherte.

„Sei vorsichtig!", warnte Kate sie, als die Stute schnaubte und heftig mit dem Schweif schlug.

Als Clara ihr die Hand entgegenstreckte, zog sich die Stute in die hinterste Ecke des Anhängers zurück. Kate hielt den Atem an, als das Pony stieg; zum Glück nicht hoch, da das Gewicht des Fohlens es schwerfällig machte. Der Kopf der Stute verfehlte das Anhängerdach aber nur um Zentimeter.

„Ganz ruhig, mein Mädchen! Niemand will dir etwas tun", versuchte Clara sie zu beruhigen. Sie ergriff Kates Arm und zog sie aus dem Anhänger. „Wie haben Sie sie überhaupt in den Transporter bekommen?", fragte sie den Fahrer. „Sie lässt mich nicht an sich heran."

Der Fahrer antwortete mit ausladend gestikulierenden Armen. „Er ist mit dem Anhänger rückwärts ganz nah an ihre Box herangefahren, und die Stute wurde dann einfach hineingescheucht", erklärte Clara stöhnend, sobald er aufgehört hatte zu reden. „Ich hole Hilfe."

Kate sah Clara nach, wie sie in Richtung Hof lief. Kate zögerte, denn sie wusste nicht, ob sie ihrer Cousine folgen oder auf das Pony aufpassen sollte.

„Wie heißt die Stute?", fragte sie den Fahrer. „*Su nombre?*"

„Sheema", antwortete er. „Nein, nein, stimmt nicht. Neema. Sie heißt Neema."

Kate ging wieder die Rampe hinauf. „Neema", rief sie leise.

Die Stute stand mit hängendem Kopf da und reagierte nicht auf Kates Stimme. Dunkle Schweißflecken zeichneten sich auf ihrem verfilzten Fell ab. Kate wäre am liebsten direkt auf sie zugegangen, aber ihr war klar, dass Neema jede Bewegung nur noch mehr erschrecken würde.

Wenige Augenblicke später hörte Kate Stimmen: Clara kam mit Rafael und Luis zurück. Sie drehte sich um und sah, dass sie zwei zusammengeklappte Tische trugen. „Damit können wir sie vielleicht auf den Hof treiben", erklärte Clara Kate. Sie sah den Fahrer an. „Sie müssen uns helfen! Wir brauchen vier Leute, um die Seiten mit den Tischen zu blockieren. Und einer muss das Pony heraustreiben."

„Ich versteh nicht, wie wir sie damit aus dem Anhänger bekommen wollen", sagte Kate zweifelnd. „Sie lässt niemanden an sich heran."

„Ich hab ein Lockmittel mitgebracht", erklärte Rafael. Er griff in die Tasche und holte einen Apfel heraus. „Lasst mich nur machen!"

Als Rafael die Rampe hinaufging, nahm Kate einen Tisch

und stellte sich neben Luis. „Hier ist es keinen Augenblick langweilig“, seufzte sie. Er lächelte sie kurz an.

„Haltet euch bereit!“, rief Clara über das Geräusch trommelnder Hufe hinweg. Kurz darauf ging die Stute, gefolgt von Rafael, die Rampe hinunter.

Kate sah Clara und den Fahrer an und verstärkte ihren Griff um den Tisch.

„Bleib Clara genau gegenüber und lauf mit der Stute mit!“, wies Luis Kate an, als Rafael Neema vorwärts trieb.

„Drehen, drehen!“, rief Clara gleichzeitig.

Kate veränderte ihre Position, um Neema in Richtung Hof zu lenken.

Das Weiße in den Augen der Stute trat noch stärker hervor, und ihre Beine knickten ein.

„Sie fällt gleich hin!“, warnte Kate.

Neema sammelte sich mit einer riesigen Kraftanstrengung jedoch wieder und stolperte vorwärts.

„Bleibt in ihrem Tempo!“, forderte Clara die anderen auf.

Sie schafften es, alle auf gleicher Höhe mit Neema zu bleiben, und konnten so die Stute vorsichtig zwischen den senkrecht gehaltenen Tischen in den Hof führen. Cohete trottete längs des Koppelzauns mit und wieherte Neema dabei zu. Die Schimmelstute hob den Kopf und antwortete ihm mit einem durchdringenden Laut. Kate fragte sich, ob Cohete versuchte, dem Pony klarzumachen, dass diese Leute ihm helfen wollten.

Santa erwartete sie bereits im Stall und hielt eine Boxentür auf. „Ich habe die Box dick mit Stroh ausgelegt und ein wenig Wasser hineingestellt. Wie geht es ihr?“

„Schwer zu sagen“, antwortete Rafael, als sie Neema in die Box führten. „Wir lassen sie erst mal allein, damit sie sich beruhigen und eingewöhnen kann. Später können wir sie untersuchen. Als Erstes braucht sie jetzt vor allem Ruhe.“

Während die anderen die Tische wegtrugen, beobachteten Clara und Kate die Stute neugierig über die Boxentür hinweg. Sie drehte sich im Kreis und wirbelte dabei das Stroh auf. Als sie die Mädchen erblickte, schnaubte sie plötzlich aufgeregt.

„Ganz ruhig, meine Schöne!", murmelte Kate. „Du musst dich jetzt erholen!"

„Vielleicht solltest du versuchen, ihr das auf Spanisch zu sagen", schlug Clara vor, als Neema nervös mit dem Schweif schlug. „Entweder versteht sie kein Englisch oder sie ist immer noch nicht zur Mitarbeit bereit."

„Wahrscheinlich gehört Mitarbeit auch gar nicht zu ihrem Wortschatz." Lizzie ging auf die Mädchen zu. „Und mit Sicherheit nicht zu dem ihres Eigentümers."

Kate drehte sich um und sah ihre Tante fragend an. „Was hat er gesagt?"

Lizzie fuhr sich mit der Hand durch ihr schulterlanges Haar. „Die Tochter von Señor Castro ist sozusagen aus dem Pony herausgewachsen, und er hat angenommen, dass er es uns einfach schicken kann, damit wir ein neues Zuhause für es suchen. Er hat offensichtlich kein Interesse daran, es zu verkaufen."

Clara runzelte die Stirn. „Aber er muss doch gewusst haben, dass es trächtig ist?"

„Er dachte, dass wir das Fohlen gerne behalten würden." Lizzie schüttelte ungläubig den Kopf. „Ich glaube, er hält das hier für eine Art Streichelzoo und meint, dass das Fohlen eine zusätzliche Attraktion wäre. Ich hatte das Gefühl, Señor Castro wartet nur darauf, dass ich mich auch noch bei ihm bedanke! Ich habe ihn darauf hingewiesen, dass Neema von einem Tierarzt untersucht werden muss und dass das nicht die einzige Untersuchung sein wird, die bezahlt werden muss. Und ich habe ihm auch noch gesagt, dass es völlig unverantwortlich war, die Stute so kurz vor dem Abfohlen noch auf Reisen zu schicken."

Sorgen nagten an Kate. *Gerade ist ein wenig Geld reingekommen, und schon stehen die nächsten großen Ausgaben vor der Tür.* „Vielleicht könnte Señor Castro ja einen Beitrag leisten", schlug sie vor.

„Keine Angst! Ich habe ihm schon gesagt, dass ich einen Scheck im Briefkasten erwarte." Lizzie rieb sich mit der Hand übers Gesicht.m„Die Wahrheit ist, dass wir auch nicht in der Lage sein werden, jeden Notfall aufzunehmen", gestand Lizzie. „Wir müssen sicher sein, dass wir die angemessene Versorgung eines Pferdes auch gewährleisten können."

Kate biss sich auf die Lippe. *Wenn Señor Castro angerufen hätte, um zu fragen, ob wir Neema nehmen würden, hätte Tante Lizzie Nein gesagt,* wurde ihr bewusst, als sie über die Boxentür starrte. Neema beobachtete sie mit argwöhnischem Blick. „Ich fang mit der Stallarbeit an", bot Kate an, weil sie unbedingt etwas tun wollte, um zu helfen.

„Danke, Kate." Lizzie lächelte sie kurz an. „Ich rufe jetzt den Tierarzt."

Clara sah etwas bedrückt aus. „Ich habe schon am ersten Schultag jede Menge Hausaufgaben aufbekommen. Schafft ihr es heute Abend ohne mich?"

Kate nickte, obwohl auch sie eine Reihe von Hausaufgaben zu erledigen hatte. *Tante Lizzie hat auch ohne die Sorge, wer die abendlichen Stallarbeiten erledigt, noch genug am Hals.* „Geht schon in Ordnung!", sagte sie zu ihrer Cousine.

„Danke, Kate", entgegnete Clara. „Du hast was gut bei mir."

Nachdem sie die Pferde von der Koppel hereingebracht und das Abendfutter verteilt hatte, beschloss Kate, nach Neema zu schauen. Sie sah erfreut, dass die Stute an einem Heunetz schnupperte. *Wenn sie Appetit hat, dann ist das ein gutes Zeichen.* Kate schob den Riegel zurück und öffnete die Tür. „Hallo, mein Mädchen!“, begrüßte sie die werdende Mutter. „Du siehst schon ein wenig besser aus.“ Sie betrat die Box und verriegelte die Tür hinter sich.

Neema legte die Ohren an und verdrehte die Augen, sodass nur noch das Weiße zu sehen war. Dann wandte sie sich um und zeigte Kate die Hinterhand. „Neema, halt!“, schrie Kate, als die Stute ausschlug. Kates Herz hämmerte. Neema begann wild zu schnauben und trat erneut nach ihr. Die Hufe der Stute glitten knapp an Kates Oberschenkel vorbei und landeten mit einem dumpfen Aufprall wieder auf dem Strohbett.

Die Boxentür wurde aufgerissen, und eine Hand packte Kate am Arm. „Bist du in Ordnung?“ Luis zog Kate aus der Box und warf die Tür zu.

„Alles bestens“, versicherte Kate mit zitternder Stimme. „Ist Neema in Ordnung? Warum hat sie das getan?“

„Was ist denn hier los?“ Lizzie kam herbeigeeilt, dicht gefolgt von einem dunkelhaarigen Mann.

„Neema hat nach mir getreten.“ Kate atmete tief durch. „Ich bin in ihre Box gegangen, und noch bevor ich ihr nahe kommen konnte, hat sie ausgeschlagen.“

„Bist du verletzt?“, fragte Lizzie besorgt.

„Nein, mir fehlt nichts“, antwortete Kate. Ihre Tante streckte die Arme nach ihr aus und drückte sie kurz fest an sich.

„Antonio, soll ich mit dir hineingehen?“ Lizzie sah kurz zu dem Dunkelhaarigen zurück.

Kate begriff, dass es der Tierarzt war.

Er schüttelte den Kopf. „Lass mich zuerst allein hineingehen!“ Er zog die Tür auf und trat in die Box.

Neema hatte sich in die hintere Ecke zurückgezogen. Sie schlug heftig mit dem Schweif, als Antonio sich ihr näherte.

„Braves Mädchen!“, flüsterte er beschwichtigend auf Spanisch und setzte seine Arzttasche und einen Koffer ab. Neema kräuselte die Oberlippe und schnappte nach ihm. „Ganz ruhig!“ Antonio sprang schnell zurück. „Ich brauche ein Seil“, rief er über die Schulter nach draußen.

„Ich hol eins.“ Luis rannte zur letzten Box, die sie als Lager verwendeten, und kam mit einem Seil und einem Halfter zurück. Er überreichte Antonio das Seil, und der formte ein Ende zu einer Schlinge.

Antonio zwinkerte Kate kurz zu. „Mach kein so besorgtes Gesicht, Señorita. Es passiert ihr schon nichts.“

„Antonio muss ein Bein von Neema anheben“, erklärte Lizzie. „Sie ist dann viel zu sehr damit beschäftigt, ihre Balance zu halten, als noch was anderes tun zu können.“

Antonio warf das mit der Schlinge versehene Seilende in die unmittelbare Nähe von Neemas rechtem Vorderhuf und ging wieder auf sie zu. Die Stute legte warnend die Ohren an und schnappte erneut nach ihm. Kate hielt den Atem an, als das Pony in die Schleife trat. Mit einer schnellen Drehung des Handgelenks zog Antonio die Seilschlinge um Neemas Bein zu. „Ruhig! Ganz ruhig!“, sagte er besänftigend, als sie vor Überraschung heftig den Kopf schüttelte. Während er immer näher auf sie zuging, verkürzte Antonio das Seil, sodass Neemas Vorderbein vom Boden hochgehoben wurde. Die Augen der Stute weiteten sich vor Schreck, und sie zitterte, als Antonio mit der Hand ihren Hals entlangfuhr.

„Ich brauche jemanden, der das Seil hält, damit ich ihr eine Beruhigungsspritze geben kann“, sagte er.

Lizzie drückte beruhigend Kates Arm und ging dann zu Antonio in die Box. Sie ergriff das Seil, sodass der Tierarzt zu seiner Tasche gehen konnte.

„Keine Sorge! Die zwei wissen, was sie tun", murmelte Luis Kate zu.

Kate nickte. Dennoch hatte sie das Gefühl, ihr Magen würde sich umdrehen. Was, wenn Neema durch den ganzen Stress und die Aufregung ihr Fohlen verlieren würde?

Mit einer Injektionsspritze in der Hand ging Antonio zu Neema zurück. Während er eine Vene suchte, versuchte die Stute Lizzie mit dem gefangenen Bein zu treten. Lizzie griff mit der Hand nach unten, packte Neemas Vorderbein und ließ das Seil los. „So, jetzt bleib ganz ruhig stehen! Du bist doch ein braves Mädchen", redete sie beruhigend auf die Stute ein.

Neema schnaubte und versuchte, sich loszureißen. Aber Lizzie hielt sie fest im Griff.

„So, die Nadel wär drin", sagte Antonio einen Augenblick später. „Halte sie ruhig!"

Kate hielt erneut den Atem an, als der Tierarzt den Kolben der Spritze langsam nach unten drückte. Augenblicklich begannen Neemas Augenlider schläfrig zu sinken. Lizzie nahm die Seilschlinge herunter und setzte das Bein wieder auf den Boden auf.

Neemas Aggression war verflogen, und sie wirkte nur noch verwundbar und fügsam. Ihr Kopf hing schlaff herab, als hätte sie nicht mehr die Kraft, ihn zu halten. Kate sprach beruhigend auf die Stute ein. „Alles wird gut. Du wirst sehen! Wir müssen uns nur davon überzeugen, dass es dir und deinem Baby gut geht." Sie fuhr Neemas Nüstern mit der Hand entlang. Antonio setzte währenddessen die Untersuchung fort. „Sie sieht aus, als ob sie sich nur noch hinlegen möchte", sagte Kate, als Antonio ein kleines Gerät aus seinem Arztkoffer nahm. Er drückte das abgeflachte Ende des Gerätes an Neemas Bauch. Kurz darauf war in der Box ein gleichmäßiges Pochen zu hören.

„Ist das das Fohlen?“, fragte Kate neugierig.

„Der Herzschlag des Fohlens“, bestätigte Antonio.

Kate drückte einen Kuss auf Neemas Nüstern. „Das ist dein Baby“, flüsterte sie.

„Kate!“ Lizzie berührte ihren Arm. „Schau!“

Neugierig folgte Kate Lizzies Blick und sah, wie Antonio ein anderes Gerät über Neemas Bauch führte. Über ein Kabel war es mit einem Monitor verbunden, den Antonio konzentriert betrachtete. Während er seine Hand bewegte, schien sich das Bild auf dem Monitor auszudehnen und zusammenzuziehen. „Da ist ein Bein!“, rief Kate aus, als sie auf dem körnigen, schwarz-grauen Bild etwas erkennen konnte.

Antonio richtete sich auf. „Es scheint alles in Ordnung zu sein. Obwohl der Herzschlag des Fohlens durch den jüngsten Stress etwas schneller ist. Das gefällt mir nicht. Haltet Neema so ruhig wie möglich und lasst sie nicht aus den Augen! Falls es irgendwelche Probleme geben sollte, ruft mich an. Ich bin sofort bei euch.“

„Wir bringen Cohete in die Box neben Neema“, sagte Lizzie zu Kate. „Vielleicht fühlt sie sich in Gesellschaft sicherer.“

„Warum war sie vorhin so wild?“, fragte Kate, als Antonio den Apparat einpackte.

„Weil sie genau das ist“, antwortete Antonio. „Nicht zahm.“ Er sah Lizzie kurz an. „Ihr werdet mit ihr alle Hände voll zu tun haben.“

„Eine Versteigerung!“, rief Lizzie wenig später aus.

Kate tauschte einen besorgten Blick mit Clara, während sie dem Telefongespräch lauschten. Lizzie hatte keine Zeit verschwendet und Neemas Eigentümer gleich nach Antonios Besuch wieder angerufen.

„Das hört sich an, als ob da jemand die Wahrheit etwas ausgeschmückt hätte“, murmelte Clara.

Kate nickte, als Lizzie meinte: „Dann wollen Sie mir also sagen, Señor Castro, dass Sie bei einer Auktion ein Pony ersteigert haben und es jetzt uns aufhalsen wollen, weil Sie festgestellt haben, dass es nicht nur nicht zugeritten, sondern auch noch trächtig ist? Ja, Señor, wir behalten es. Aber ich empfehle Ihnen, falls Sie das Bedürfnis verspüren sollten, sich noch ein Pferd anzuschaffen, jemanden mitzunehmen, der das vordere Ende vom hinteren unterscheiden kann!“

Kate sah Clara überrascht an.

„Ich bin sicher, es freut Sie, zu hören, dass Neema untersucht worden ist und dass sie und das Fohlen wohlauf sind“, fuhr Lizzie fort. „Ja, Señor, sie ist in besten Händen und an einem Ort, wo man sie nicht aufgibt.“

Lizzie legte auf, drehte sich um und sah die Mädchen an. In ihrem Blick lag Unsicherheit. „Wir müssen eine unberechenbare Stute dazu bringen, sich an uns zu gewöhnen, bevor bei ihr die Wehen einsetzen.“

„Das wird einige Zeit dauern“, meinte Clara.

Lizzie nickte. „Und genau die haben wir nicht.“

Als am nächsten Morgen der Wecker läutete, drückte Kate die Schlummertaste und zog sich die Bettdecke über den Kopf. Es war fast Mitternacht gewesen, als sie abends zuvor ihre Hausaufgaben erledigt und den Blog von Romany aktualisiert hatte. Danach hatte sie nicht einschlafen können, aus Sorge um Neema und ihr Fohlen und wie der Pferdeschutzhof ihren Unterhalt aufbringen sollte. Beim Gedanken an die Stute warf Kate die Bettdecke zurück und setzte sich auf. Anschließend zog sie verschlafen blinzelnd ihre Stallklamotten an und ging in die Küche. Sie goss sich ein Glas Orangensaft ein, nahm etwas Obst aus der Schale und ging nach draußen.

Auf dem Hof hörte sie ein Pferd durchdringend wiehern.

Das hört sich nicht gut an. Kate lief zum Stalltor. Sie schob das halb offene Tor auf und sah, dass Neemas Boxentür weit offenstand. Cohete starrte über seine Box zu ihr hinüber. Kate stieß das Tor weit auf und rannte zu Neemas leerer Box. *Wo ist sie?*

Cohete hielt den Blick auf den Eingang gerichtet und stieß ein tiefes Wiehern aus. Luis erschien und führte Neema am Halfter.

Kate atmete tief durch, als sie sah, dass die Stute lahmte. „Was ist passiert?"

„Ich hab sie in meiner Werkstatt gefunden", erklärte Luis ihr. „Wahrscheinlich habe ich gestern Abend die Türen nicht ordentlich zugemacht, sodass sie hinein konnte."

„Aber wie ist sie aus ihrer Box gekommen?"

„Manche Ponys sind wahre Ausbruchskünstler", meinte Luis. „Wir sollten uns vergewissern, dass auch der untere Riegel immer eingerastet ist, wenn wir sie in ihre Box gebracht haben.

Kate warf einen Blick auf Neemas rechtes Hinterbein. Blut tropfte das helle Fell hinunter. „Sie hat sich geschnitten."

„Sie ist in Panik geraten, als ich in die Werkstatt kam, und hat sich an dem Motorrad gestoßen, das ich gerade repariere", erklärte Luis und führte Neema in ihre Box zurück.

„Was ist los?", rief Clara. Sie stand am Tor.

„Neema ist in der Nacht aus ihrer Box ausgebrochen", berichtete Kate. „Sie hat sich am Bein geschnitten."

„Ich hole Salzwasser", bot Clara sich an, wandte sich in Richtung Ranchhaus und fügte zögernd hinzu: „Auch wenn ich nicht weiß, wie wir uns ihr nähern sollen, um den Schnitt zu säubern."

Kate ging zu Luis in die Box. Neema hatte die Ohren angelegt und riss am Führstrick. „Kannst du dir mal schnell ihr

Bein ansehen, während ich sie halte?", keuchte er. „Ich glaube nicht, dass sie sich von mir noch viel länger halten lassen wird."

Kate näherte sich Neemas Hinterbein, musste aber schnell zurückspringen, als die Stute ihre Hinterhand herumschwenkte.

„Kommt raus!" Lizzie stand im Eingang. „Es lohnt sich nicht, zu riskieren, dass einer von euch verletzt wird. Ich spritze ihr Bein mit dem Schlauch ab und versuche, sie zu behandeln, wenn sie sich ein wenig beruhigt hat." Sie lächelte Kate kurz an. „Ihr müsst euch für die Schule fertig machen. Der Bus fährt in zwanzig Minuten."

Kate zögerte. Sie wäre so gern geblieben, um sich zu vergewissern, dass mit Neema alles in Ordnung war.

„Ich schick dir später eine SMS und gebe dir Bescheid, wie es ihr geht", versprach Luis. „Ich habe heute noch schulfrei." Luis besuchte eine lokale spanische Schule. Er ließ Neema los. Die Stute wich zurück.

Lizzie winkte Kate. „Also los! Sie kommt wieder in Ordnung. Ich versprech's!"

KAPITEL 5

„Und“, fragte Elena, als sie ins Klassenzimmer gingen, „ist der Bauern-Look jetzt der letzte Schrei in England?“

Kate runzelte verwirrt die Stirn, als Elena ihre Tasche auf einen Tisch fallen ließ. Sie streckte die Hand nach Kate aus und zupfte einen Strohhalm aus ihrem Haar. Einer der Jungs am Tisch hinter ihnen ahmte eine Henne nach. Gacke rnder Lärm erfüllte daraufhin das Klassenzimmer, bis sich jeder nach ihr umdrehte und sie anstarrte.

Kate spürte, wie sie rot wurde. *Warum hat mir Clara nicht gesagt, dass ich aussehe, als ob ich in der Scheune geschlafen hätte?* Sie neigte den Kopf, schüttelte kräftig die Haare und strich sie dann wieder über die Schultern zurück.

„Vor ‘ner Minute war’s noch lustig, inzwischen langweilt es“, blaffte Elena den Jungen hinter ihnen an. „André Mitchell.“ Sie zog die Mundwinkel verächtlich nach unten und wandte sich wieder Kate zu. „Der Klassenclown.“

Kate nahm ihre Schulbücher aus der Tasche. „Legt bitte eure Hausaufgaben auf den Tisch, damit ich sie einsammeln kann.“ Señora Diaz’ Stimme erhob sich über dem Gemurmel im Klassenzimmer.

Während Kate die verschiedenen Hefte in ihrer Tasche durchblätterte, überlief sie ein eiskalter Schauer. „Geschichte, Geschichte“, murmelte sie und dachte verzweifelt an die Hausaufgaben, die sie am Abend zuvor gemacht hatte. Sie konnte sich an nichts mit Geschichte erinnern. *Ich hab Geschichte vergessen*, wurde ihr klar. Ein ungutes Gefühl beschlich sie.

„Wo sind deine Hausaufgaben?“ Elena stieß Kate an.

„Ich weiß nicht, wie das passieren konnte, aber ich hab total vergessen, sie zu machen“, flüsterte Kate. „Ich hab erst spät am Abend mit den Hausaufgaben angefangen und muss Geschichte total übersehen haben.“

„Sag ihr das bloß nicht!“ Elena sah sie mit großen Augen an. „Sie gibt dir dafür eine Woche Nachsitzen! Bei nicht gemachten Hausaufgaben kennt sie keine Gnade. Überleg dir schnell eine gute Entschuldigung!“

Señora Diaz blieb am Tisch stehen und nahm Elenas Hausaufgaben entgegen. „Deine, bitte!“ Sie streckte die Hand aus.

„Äh ...“ Kate versuchte verzweifelt, eine plausible Entschuldigung zu finden. „Ich hab meine Hausaufgabe im Wagen meiner Tante liegenlassen. Ich wollte sie gerade vom Rücksitz nehmen, da hat sie einen Anruf wegen eines verwahrlosten Pferdes bekommen.“ Kate steigerte sich förmlich in das Thema hinein. „Ein dringender Notfall ... es ging um Stacheldraht, in dem sich ein Pferd verfangen hatte, und dass es verbluten würde, wenn es nicht möglichst bald daraus befreit wird. Meine Tante ist dann einfach losgerast, und ich habe mich erst wieder an meine Hausaufgaben erinnert, als sie die Straße hinunter verschwunden war.“

„Wirklich?“ Señora Diaz neigte den Kopf. Ihre kleinen, dunklen Augen erinnerten Kate an die eines neugierigen Rotkehlchens. „Ich bedauere so, das zu hören.“

Kate entspannte sich.

„Und mir tut die arme Clara leid", fuhr Señora Diaz fort. „Sie muss sehr besorgt gewesen sein."

Kate rutschte unbehaglich auf ihrem Stuhl hin und her. „Äh, hm."

„Elena", sagte Señora Diaz, „ich glaube, Clara ist in Raum elf. Bitte geh zu ihr und sag ihr, dass sie in der Pause zu mir kommen soll! Ich bin besorgt, dass sie mir diese Nachricht heute Morgen nicht mitgeteilt hat. Schließlich bin ich ihre Vertrauenslehrerin."

Kate ließ den Kopf sinken, damit die Haare ihre brennenden Wangen verdeckten.

Mit einem prustenden Lachen schob Elena ihren Stuhl zurück. „Ja, Señora."

„Warte!" Kate begann in Panik zu geraten. „Äh, vielleicht habe ich die Sache um eine winzige Kleinigkeit übertrieben."

„Wie winzig?" Señora Diaz trommelte mit den Fingern auf den Tisch.

„Also, äh, na ja, vielleicht die ganze Sache", gestand Kate und wünschte, der Boden würde sich auftun und sie verschlingen. Sie würde lieber eine Woche Nachsitzen in Kauf nehmen, als Clara wissen zu lassen, dass sie in Schwierigkeiten steckte. Sie warf Elena einen bitterbösen Blick zu. Es war ihr nicht entgangen, dass deren Augen vor Vergnügen blitzten. *Elena Garcia, du bist gerade von der Liste meiner potenziellen neuen Freundinnen gestrichen worden ...*

„Miss Sommers, du wirst während deiner Zeit hier noch lernen, dass ich mit mir reden lasse, wenn ein Schüler Probleme hatte, seine Hausaufgaben zu machen. Ich werde jedoch nicht tolerieren, dass man mich belügt. Ist das klar?"

„Ja. Tut mir leid", murmelte Kate und wünschte sich insgeheim, dass Elena hundert schreckliche Dinge passieren würden. Ganz oben auf der Liste stand der Wunsch, dass ihr alle Haare ausfielen. Und natürlich auch alle Zähne, jeder einzelne.

„Ich bin sicher, hätte Elena dir das ausführlich erklärt, wenn sie mehr Zeit gehabt hätte“, sagte Señora Diaz ausdrücklich zu Elena. „Sie war wahrscheinlich so damit beschäftigt, dir zu helfen, dich bei uns einzugewöhnen, dass es ihr total entfallen ist.“

Neben der Demütigung spürte Kate auch einen Hoffnungsschimmer. Gab die Lehrerin ihr tatsächlich eine Gnadenfrist?

„Mach bitte die Aufgabe heute Abend und sorge dafür, dass ich sie morgen bekomme“, sagte Señora Diaz, bevor sie zum nächsten Tisch weiterging. „Nun, André, was für wunderbare Ausreden hast du denn heute für mich? Ich bin sicher, mit deiner Fantasie glänzt du bei jedem Aufsatz. Ich muss dich allerdings warnen, dass Miss Sommers bereit zu sein scheint, deine Führungsrolle zu übernehmen.“

„Sorry“, flüsterte Elena. „Ich konnte nicht widerstehen.“

„Vergiss es!“, erwiderte Kate so gelangweilt, wie sie nur überhaupt konnte, und schlug demonstrativ ihren Notizblock auf. Sie nahm einen Stift und begann, Neemas Kopf zu skizzieren. Mit sorgfältig geschwungenen Linien betonte sie dabei die mandelförmigen Augen der Stute. Aber in dem Moment, als Señora Diaz wieder vor die Klasse trat, blätterte Kate ihren Notizblock um. Sie hatte sich schon genug Probleme für diesen Tag eingehandelt.

Kate schaufelte sich mit der einen Hand Risotto in den Mund, mit der anderen kreuzte sie die Antworten auf dem Geschichtsarbeitsblatt an. Sie hatte beschlossen, bei den Hausaufgaben etwas vorzuarbeiten, sodass sie nicht wieder bis spätabends daran sitzen würde.

„Hausaufgaben während des Mittagessens?“ Diego blieb an Kates Tisch stehen. „Das ist ja fürchterlich!“

Kate ignorierte ihn.

„Und, wie wär’s, wenn ich später mal bei dir vorbeikomme und nachsehe, ob dein Salsa nicht zu lasch ist? Ich möchte nicht, dass du mich bei der Party blamierst.“

„Muss ich Essen mitbringen?“, fragte Kate überrascht.

Diego brach in schallendes Gelächter aus. „Salsa, der Tanz. Nicht die Sauce!“

Kate hätte sich in den Hintern beißen können. „Na schön, jetzt hast du meine Aufmerksamkeit.“ Sie legte den Stift hin. „Warum interessiert es dich so, ob ich Salsa tanzen kann oder nicht?“

Diego grinste. „Du kannst bestimmt nicht tanzen! Zwei linke Füße?“

Kate zog die Augenbrauen hoch. „Ich kann ein, zwei Schritte.“

„Gut, die kannst du mir dann zeigen, wenn wir uns heute Abend treffen.“ Diego zwinkerte ihr zu. „Ich bin ungefähr gegen sieben Uhr da.“

„Diego, komm jetzt endlich! Das Basketballtraining fängt in fünf Minuten an!“, rief ein Junge quer durch die Cafeteria. Er trug die gleichen hellgelben Sportshorts und das gleiche T-Shirt wie Diego.

„Willst du uns anfeuern?“, lud Diego sie ein.

„Du meinst, dass es da wirklich etwas zu bejubeln gibt?“, fragte Kate in gespielter Überraschung.

„He, du Kanarienvogel! Zieh Leine!“, sagte Julia, bevor Diego antworten konnte. Sie stellte ihr Tablett auf den Tisch. „Kate und ich müssen noch besprechen, in welche Klamotten wir uns für die Party schmeißen.“

Kate packte ihre Hausaufgaben weg.

„War es was Wichtiges?“, wollte Julia wissen.

„Meinst du die Hausaufgaben oder Diego?“ Kate warf Diego, der sich langsam vom Tisch entfernte, einen schadenfrohen Blick hinterher.

„Ist Diego vielleicht wichtig?“, fragte Julia genervt.

„Ich hab das gehört!“ Diegos Stimme drang zu ihnen herüber.

Kate kicherte.

Julias Augen funkelten. „Willst du mir nicht zuerst erzählen, was heute in Geschichte los war, bevor wir über die Partyklamotten reden? Es geht das Gerücht um, dass Elena sich über dich lustig gemacht hat.“

„Ach, das meinst du.“ Kate zuckte mit den Schultern. „Das macht mir nichts aus. Was da so an Gerüchten umgeht, vergeht auch wieder.“

Julia packte ihr Sandwich aus. „Elena ist eigentlich in Ordnung. Sie macht nur gerne Scherze auf Kosten anderer.“

„Gut zu wissen. Und wenn der Scherz auf ihre Kosten geht, findet sie das dann auch lustig?“, fragte Kate.

„Das glaube ich nicht“, wa rnte Julia. „Elena liebt es, obenauf zu sein und das letzte Wort zu haben. Das ist nun mal ihre Art.“

Kate nickte. „Pech für Elena“, sagte sie, „denn das ist auch meine Art!“

Kate las die SMS, die gerade von ihrer Mutter gekommen war. „Ist bei euch alles okay? Wir sind zur Zeit auf einer Militärbasis. Habe hier kaum Empfang. Ich rufe dich in einigen Tagen an, wenn wir wieder zu Hause sind. Alles Liebe, Mum.“ Kate sah hoch, warf einen kurzen Blick aus dem Busfenster und rief: „*Detener!* Anhalten!“ Sie steckte hastig ihre Geographiebücher in die Tasche, sprang auf und rannte den Gang entlang. „Das ist meine Haltestelle“, rief sie dem Fahrer zu.

Der Bus hielt mit quietschenden Rädern an. Die Türen gingen mit einem Zischen auf. „Danke!“, sagte Kate, als sie heraussprang. *Wahnsinn! Das war vielleicht knapp.* Sie war so in die SMS ihrer Mutter vertieft gewesen, dass sie beinahe vergessen hätte, auszusteigen. Clara war nach der Schule direkt zur Theaterprobe gegangen und hatte Kate allein zur Ranch zurückfahren lassen.

Als Kate ins Ranchhaus ging, stieß sie fast mit Santa zusammen, die gerade den Spiegel neben der Tür polierte.

„Und, wie war's heute in der Schule?“, erkundigte sich die Haushälterin.

„Ach, du weißt schon.“ Kate wechselte das Thema. „Und, wie war es hier? Geht es Neema gut?“

„Lizzie hat gesagt, dass sie den ganzen Tag ruhig war.“ Santa schüttelte das Staubtuch aus. „Keine weiteren Eskapaden. Und eine neue Kundin für eine Reitstunde auf Sanchez war da.“

Kate warf ihre Tasche in die Ecke. „Ist Tante Lizzie gerade auf dem Hof?“ Sie drehte sich um und wollte wieder nach draußen gehen.

„Ja, aber könntest du deine Tasche aufheben und in dein Zimmer bringen, bevor du gehst? Und, wenn du schon in den Hof willst, dann musst du dich erst umziehen.“ Santa stemmte eine Hand in die Hüfte. „Das dauert doch nur ein paar Minuten. Los, geh schon!“

„Ich weiß nicht, wie ich je ohne dich zurechtgekommen bin!“, scherzte Kate. Sie lief zur Treppe hinüber und sprintete die Stufen hinauf, immer zwei auf einmal nehmend.

Nachdem sie sich blitzschnell umgezogen hatte, rannte Kate zum Hof. Lizzie spritzte gerade Sanchez mit einem Schlauch ab und spülte weiße Schweißbächlein von seinem Rücken herunter.

Kate nahm ein Schweißmesser aus dem Putzkasten, den

Lizzie dort abgestellt hatte. „Wie ist die Stunde gelaufen?“, fragte sie, als sie das Schweißmesser an Sanchez’ Hals entlangzog.

„Danke, gut!“, antwortete Lizzie und richtete den Wasserstrahl auf Sanchez’ Beine. „Die Frau ist gut mit ihm zurechtgekommen. Sie ist früher geritten war und möchte nun nach einer längeren Pause wieder damit beginnen.“

„Ist sie von hier?“

Lizzie nickte. „Ihre Tochter geht auf eure Schule.“

„Deine ganze Arbeit mit Sanchez zahlt sich also langsam aus“, sagte Kate. „Im wahrsten Sinne des Wortes!“

„Er macht sich wirklich gut“, stimmte Lizzie ihr zu, als sie über den Hof ging, um den Wasserhahn zuzudrehen. „Er wird jetzt auch neuen Reitern gegenüber viel zutraulicher.“

Kate zog das restliche überschüssige Wasser von Sanchez’ Fell ab und machte sich dann auf, um über Neemas Boxentür zu gucken. Die Stute zupfte an ihrem Heunetz und ignorierte Kate, als die leise nach ihr rief.

„Ich bleibe jetzt ein bisschen bei ihr.“ Lizzie kam zu Kate an die Tür. „Ich hab gewartet, bis du aus der Schule kommst. Ich dachte, dass du gern helfen würdest.“

„Ja, sicher.“ Kate nickte und ignorierte die Angst, die in ihr aufstieg. *Bleib cool! Neema wachsen schon keine Reißzähne und sie wird sich auch nicht auf dich stürzen*, sagte sie sich. „Was hast du vor?“, wollte sie von ihrer Tante wissen.

Lizzie strich sich die Haare hinter die Ohren. „Auch wenn wir sie an den Umgang mit uns gewöhnen müssen, dürfen wir sie nicht drängen. Sie ist Menschen gegenüber noch viel zu misstrauisch.“

Kate starrte Neema an. „Sie sieht aus, als ob sie jeden Augenblick Reißaus nehmen möchte!“ Die Stute hatte den Schweif eingeklemmt und die Ohren halb angelegt.

„Sie hat immer noch Angst“, erklärte Lizzie. „Und aus der

Gefahrenzone zu fliehen, steht bei Pferden immer an erster Stelle.“

„Und wie wollen wir sie dazu bringen, uns zu vertrauen?“

Lizzie lächelte. „Genauso wie bei Männern geht bei ihr die Liebe durch den Magen.“

Sie hob einen vor der Box abgestellten Futtereimer auf, sah Kate an und sagte: „Du bleibst auf dieser Seite der Tür, bis ich dich brauche!“ Sie schob den Riegel zurück und betrat die Box. Neema legte warnend die Ohren an.

Lizzie stellte den Eimer langsam auf den Boden. Neema zögerte, bevor sie sich dem Futter näherte. Dann stürzte sie sich auf Lizzie. Die blieb ganz ruhig stehen.

Kate hielt den Atem an, als Neema wild mit den Augen rollte.

„Ich bleibe hier“, sagte Lizzie zu der Stute. „Wenn du fressen willst, musst du dich schon mit meiner Anwesenheit abfinden.“

Neema stieß ein lautes Prusten aus, steckte die Nase in den Eimer und schnappte sich ein Maul voll Futter. Sie hob den Kopf mit einem Ruck und kaute den Hafer, wobei an beiden Seiten des Mauls Körner herausfielen. „Ihre Zähne müssen geraspelt werden“, sagte Lizzie seufzend. „Ich bezweifle, dass man sich um diese Stute je richtig gekümmert hat.“

Als Neema merkte, dass Lizzie ihr nichts tun würde, begann sie sich zu entspannen. „Komm, Kate!“, forderte Lizzie sie auf. „Beweg dich langsam und leise!“

Kate schob sich Zentimeter für Zentimeter in die Box. Neema ignorierte sie, sie war völlig mit dem Futter beschäftigt. Als Kate neben ihrer Tante stand, spürte sie, wie etwas von ihrer Spannung abfiel. „Wir geben ihr jeden Tag drei kleine Rationen“, erklärte Lizzie. „Wer immer sie füttert, muss bei ihr bleiben, bis sie fertig gefressen hat. In ein paar Tagen halten wir den Eimer, während sie frisst. Und dann berühren wir sie während der Prozedur mit einer Hand. So bringen wir sie nach und nach dazu, uns zu akzeptieren."

„Hoffentlich noch bevor das Fohlen geboren wird", meinte Kate, als Neema die letzten Körner aus dem Eimer schleckte.

„Ja. Hoffentlich bevor das Fohlen geboren wird", wiederholte Lizzie.

Kate trug ein wenig Lipgloss auf und trat dann einen Schritt zurück, um sich im Spiegel zu betrachten. Ihr langes, blondes Haar wirbelte um ihre Schultern, als sie sich drehte, um sich ihren Rücken anzusehen. *Ich hoffe, dass er nicht zu kurz ist*, dachte sie und stellte sich vor, wie der Minirock beim Tanzen flatterte. Sie machte versuchsweise eine schnelle Drehung, um zu testen, ob er nicht zu viel enthüllte. Sie stieß gegen ihren Nachttisch und jaulte auf. „Ich mache mir keine Sorgen um zwei linke Füße, sondern um meine Balance!", murmelte sie. Sie stellte das umgefallene Foto von ihren Eltern wieder auf.

Sie trippelte auf ihren Pfennigabsätzen die Treppe hinunter und ging ins Wohnzimmer. Beim Anblick des voll gestellten Raumes wurde ihr klar, dass es dort keine Tanzfläche gab, auf der sie mit Diego üben konnte. *Das Sofa muss an die Wand*, beschloss sie. Sie packte die Couch mit dem verblassten blauen Karomuster an der Armlehne und zog sie über den Boden. Kate quetschte sie zwischen das Bücherregal und den Tisch. Die zwei Sessel schob sie an die gegenüberliegende Seite des Zimmers. Nun war in der Raummitte eine große Fläche frei. Sie sah kurz auf die Uhr und stellte fest, dass es fast viertel nach sieben war. *Hat er sieben oder halb acht gesagt?*, fragte sie sich, als sie zum Fenster hinüberging. Sie wippte nervös auf und ab, während sie auf den Hof starrte, wo Lizzie ihren Jeep geparkt hatte.

„Zu meiner Zeit haben wir nicht auf die Jungs gewartet!“ Santa schnalzte missbilligend mit der Zunge, als sie ins Zimmer kam. „Wir haben sie auf uns warten lassen!“

„Sie zappeln lassen, um sie zu bekommen? Wie altmodisch!“, entgegnete Kate. Aber Santa hatte schon recht. Sie wollte auch nicht, dass Diego die Verandatreppe heraufkam, während sie sich die Nase am Fenster plattdrückte.

„Weißt du, die Zeiten haben sich geändert.“

„Ha, hör sich einer dieses Mädchen an! Nicht jede Veränderung ist auch ein Fortschritt. Jetzt geh! Sobald dein junger Freund da ist, rufe ich dich, aber erst, nachdem er fünf Minuten wartend Däumchen gezupft hat, hm?“

„Däumchen gedreht hat“, korrigierte Kate sie mit einem Lächeln.

„Ach was! Du sagst Däumchen drehen, ich sage Däumchen zupfen. Das ist doch das Gleiche!“ Santa zuckte mit den Schultern. „Geh jetzt und sag Luis, er soll für seine armen Großeltern, die den ganzen Tag schwer gearbeitet haben, Omeletts zum Abendessen machen.“

Bevor Santa zum Spaß mit dem Staubtuch nach ihr schlagen konnte, entkam Kate aus dem Haus und stöckelte über den Hof. Neema lugte über ihre Boxentür, zog sich aber in den hinteren Teil der Box zurück, als sie Kate sah. In der Box nebenan begrüßte Cohete sie mit einem Wiehern. „Hallo, mein Junge!“, erwiderte Kate seinen Gruß. „Hast du Neema noch nicht überzeugen können, dass ich nicht der Staatsfeind Nummer eins bin?“ Sie blieb stehen, streichelte seine Nüstern und ging dann zu Luis’ Werkstatt weiter.

Luis saß über ein Maschinenteil gebeugt und reinigte es mit einem öligen Lappen. Kate blieb abwartend am Eingang stehen und ärgerte sich ein wenig, weil Luis nicht zu ihr hochsah.

„Kannst du mir mal die Terpentinflasche reichen?“, fragte er schließlich. „Sie steht da drüben.“ Er nickte in Richtung des hinteren Endes der Werkbank.

„Nein, das kann ich wirklich nicht. Ich möchte kein Öl auf meinen Rock bekommen“, sagte Kate.

Jetzt sah Luis hoch. Sein Blick glitt kurz über Kate, dann sagte er: „Hast du dich so hübsch angezogen, nur um mich zu besuchen?“

„Nein“, antwortete Kate kurz angebunden. „Diego kommt, um mir Salsa beizubringen ... den Tanz“, fügte sie hinzu, um jede Verwechslung auszuschließen.

Luis’ Mund zuckte. „Ich hätte auch nicht angenommen, dass er kommt, um dir Kochunterricht zu geben.“

„Man kann das aber leicht verwechseln“, entgegnete Kate ihm.

„Also, warum bist du hier, wenn du jetzt Tanzstunde hast?“, wollte Luis wissen. Er glitt von seinem Hocker und holte die Flasche selbst.

Kate zögerte, denn sie wollte ihm nicht sagen, dass Diego sich verspätet hatte. „Wir sind erst nachher verabredet.“ Sie führte die Hände hinter ihren Rücken und verhakte ihre Finger ineinander. „Santa hat mich gebeten, dir etwas zu sagen. Sie ist müde und möchte, dass du heute Abend Omeletts machst.“

„Geht klar.“ Luis setzte sich und beugte sich wieder über das Maschinenteil. „Viel Spaß!“

„Danke.“ Kate drehte sich um, um ins Haus zurückzulaufen, so schnell das auf zehn Zentimeter hohen Absätzen eben möglich war. Als sie zum Haus kam, stellte sie enttäuscht fest, dass von Diego immer noch nichts zu sehen war. Sie ging ins Wohnzimmer, schaltete den Fernseher an und goss sich einen Saft ein. Dann setzte sie sich auf einen der Stühle und versuchte, etwas von dem spanischen Wortschwall zu verstehen. *Hoffnungslos.* Sie seufzte. *Ich versteh kein Wort!*

Als der Nachspann über den Bildschirm lief, sah Kate ein, dass Diego nicht mehr kommen würde. Sie überlegte, ihm eine SMS zu schicken. Aber Santas Worte hatten einen Nerv getroffen. *Ich lasse ihm nicht die Genugtuung, zu glauben, dass ich hier herumgehangen und auf ihn gewartet habe. Auch wenn es genau das ist, was ich die letzte Stunde gemacht habe!*

Voller Wut auf Diego schaltete sie den Fernseher aus und spülte ihr Glas. Als sie durch die Schwingtür der Küche ging, sah sie, wie Luis von der Veranda in den Flur kam. Kate blinzelte überrascht. Er trug ein weißes Hemd und eng sitzende schwarze Jeans. Er sah sie kurz an, und seine Wangen färbten sich rot. „Ich habe bemerkt, dass dein Tanzlehrer nicht gekommen ist. Wenn du immer noch Lust auf ein Tänzchen hast, dachte ich, dass wir vielleicht versuchen könnten ..."

„Du willst mir Salsa beibringen?", fragte Kate.

Luis schüttelte den Kopf und hielt ein Buch und eine CD hoch. „Ich dachte, dass wir es uns selbst beibringen können. Du hast doch keine Angst, mit mir zu tanzen, oder?" Luis sah sie herausfordernd an.

„Natürlich nicht!" Kate griff nach dem Buch und blätterte darin herum. Die Anweisungen waren alle auf Spanisch, aber die Bilder zeigten jeden Schritt des Tanzes.

„Sie werden noch komplizierter", warnte Luis, als er ihr zum Wohnzimmer vorausging. „Aber Nana meinte, dass man nur die Mamboschritte auf der ersten Seite können muss. Dann komme man schon zurecht."

Aufgeregt sah Kate zu, wie Luis die CD in den Spieler legte. Ein südamerikanischer Rhythmus erfüllte das Zimmer. Kate zuckte mit den Schultern und spielte dann auf imaginären Bongotrommeln.

„Wenn du das auf der Tanzfläche machst, bekommst du nie einen Partner", neckte Luis sie und lachte.

Kate streckte ihm die Zunge heraus und wandte sich dann der ersten Seite im Buch zu. „Die Leute da stehen sehr nah beieinander", stellte sie skeptisch fest.

„Bei der offenen Stellung stehen sie weiter auseinander." Luis ging zu ihr hin, um mit ihr die Bilder anzusehen. „Aber die Anweisungen für den Mambo beziehen sich auf die geschlossene Stellung."

Kate spürte, wie ihre Wangen heiß wurden, als Luis ihren Arm streifte. *Reiß dich zusammen, Kate Sommers! Du musst ihn berühren, wenn du mit ihm tanzen willst.*

„Ich muss deine rechte Hand zurückschieben, um dir zu signalisieren, dass du einen Rückwärtsschritt machen musst", übersetzte Luis aus den Anweisungen.

„Ziehst du mich auf? Warum kannst du mir es nicht einfach so sagen?", wollte Kate wissen.

„So steht es in dem Buch", antwortete Luis. „Wollen wir das jetzt richtig lernen oder nicht?" Er trat in die Mitte der freigeräumten Tanzfläche. „Komm!" Er streckte die Hände nach Kate aus.

Befangen legte Kate ihre Hände in seine.

„Salsa hat einen Viervierteltakt, und wir müssen auf jedes Viertel einen Schritt machen", erklärte Luis. „Ich zähl vor: Eins, zwei, drei, vier." Er drückte ihre Hand, und Kate machte einen Vorwärtsschritt.

„Aua!", jaulte Luis auf, als sie auf seine Zehen trat.

„Ich hab's schon wieder vergessen!", verteidigte sie sich.

„Wenn du dich schon nicht an den allerersten Schritt erinnern kannst, dann haben wir mehr Probleme als ich dachte", erklärte Luis und rieb sich den Fuß.

Bevor Kate etwas darauf erwidern konnte, kam Lizzie ins Zimmer. „Was ist denn hier los?" Sie sah sich überrascht um.

„Wir lernen Salsa ...", murmelte Kate vor sich hin.

„Oh, toll! Ich liebe Salsa!", rief Lizzie begeistert.

„Sehr gut, dann kannst du uns ja zeigen, wie das geht“, sagte Kate. „Weil du“, sie wandte sich Luis zu, „bitte verzeih, ein miserabler Lehrer bist.“

„Ich war doch gerade erst dabei, den ersten Schritt zu erklären“, verteidigte sich Luis.

„Das ist genau das, was ich meine“, entgegnete Kate. „Wir haben nicht mal den hingekriegt!“ Sie kicherte, und plötzlich verflog ihre schlechte Laune. *Das könnte doch Spaß machen!* Sie richtete sich auf und streckte Luis die Hände entgegen. Er ergriff sie mit übertriebener Höflichkeit.

„Gut“, sagte Lizzie. „Luis, du führst, und Kate, du folgst!“

„Warum kann ich nicht führen?“, fragte Kate.

Luis löste eine Hand von Kate und legte die Finger auf ihre Lippen. „Du sollst folgen und keine Fragen stellen!“

„Luis, du gibst Kate die Signale, wann sie sich bewegen soll“, wies Lizzie ihn an. „Einen Schritt zurück, einen Schritt vor. Wir üben zuerst mal jeden Schritt für sich, bis er klappt.“ Sie zählte vor, und die beiden begannen zu tanzen. „Nicht von einem Fuß auf den anderen hüpfen, Kate! Und nicht über die Absätze stolpern.“

„Da wir gerade von Absätzen reden: Könnte sie nicht diese Stacheln abnehmen, die sie sich unter die Füße geschnallt hat?“, fragte Luis, nachdem Kate ihm wieder auf die Zehen getreten war.

„Gute Idee!“, sagte Lizzie. „Kate, ich glaube, es würde ohne diese Schuhe leichter.“

„Im Augenblick“, sagte Kate, als sie nach unten griff und ihre Schuhe öffnete, „würde ich mich schon freuen, wenn überhaupt etwas an diesem Tanz leicht wäre.“

„Du wirst sehen, am Ende wird alles gut.“ Luis’ bernsteinfarbene Augen blitzten belustigt.

„Das sollte es auch“, sagte Kate. „Denn in diesem Stadium könnte einer von uns beiden für immer ein Krüppel werden!“

KAPITEL 6

Kate starrte Diego an, als sie durch die Kantine ging. „Schön zu hören", sagte sie, als sie nah genug war, dass er sie verstehen konnte.

Diego zog die Augenbrauen hoch. „Was zu hören?"

„Schön zu hören, wie toll dein gestriger Abend war", antwortete Kate mit zuckersüßer Stimme. „Er muss etwas wirklich Großartiges gewesen sein, dass du mich dabei vergessen hast."

Diegos Lächeln verschwand. Er klopfte einladend auf den Stuhl neben sich.

Kate setzte sich ihm demonstrativ gegenüber an den Tisch. „Und?", fragte sie auffordernd.

„Auf dem Weg zu dir hatte ich eine Reifenpanne", erklärte er.

„Und du konntest mich nicht anrufen?" Kate trommelte mit den Fingernägeln auf den Tisch.

Diego zuckte mit den Schultern. „Dann war auch noch der Akku von meinem Handy leer. Ich konnte noch nicht einmal den Pannendienst rufen. Deshalb musste ich das Motorrad nach Hause schieben. Das hat fast zwei Stunden gedauert."

Kate lehnte sich in ihrem Stuhl zurück. „Das hört sich ja so an, als wärst du schon fast vor meiner Tür gewesen, als du diese Panne hattest. Es wäre doch viel schlauer gewesen, zu unserer Ranch zu marschieren und von uns aus den Pannendienst zu rufen."

„Ah, ja." Diego lächelte. „Du bist immer so vernünftig. Ich ... ich treffe immer die falschen Entscheidungen. Du hast recht. Ich hätte zu euch gehen und von dort anrufen sollen. Dann hätten wir sogar noch miteinander tanzen können, oder?"

„Keine Sorge! Ich hab einen anderen Tanzpartner gefunden." Kate beschloss, cool zu bleiben. „„Ist dein Motorrad inzwischen repariert?"

Diego nickte. „*Si.* Und, wer ist dieser neue Tanzpartner?"

Kate zögerte. Es war ihr unangenehm, zu gestehen, dass sie mit Luis getanzt hatte. *Nicht, dass es Diego etwas anginge*, rief sie sich in Erinnerung. „Ach, weißt du, Tante Lizzie hat mir die Grundlagen beigebracht."

„Das ist doch großartig", meinte Diego. Beim Aufstehen drückte er ihr einen Kuss aufs Haar. „Zusammen werden wir die Tanzfläche rocken. Ich muss jetzt los. Wir reden später weiter."

Kate starrte Diego nach, als er die Kantine durchquerte und dann anhielt, um eine Gruppe Jungs zu grüßen. Ein Schuldgefühl begann an ihr zu nagen, weil sie ihm nicht gesagt hatte, dass sie mit Luis getanzt hatte. *Aber es ist ja nicht so, dass wir ein Paar wären*, sagte sie sich. Sicher, Diego hatte mit ihr geflirtet und sie ein paarmal gefragt, ob sie mit ihm ausgehen wollte. Aber er hatte sie nie gefragt, ob sie seine Freundin sein wollte. *Und ich habe mich auch noch nicht entschieden, ob ich das überhaupt will!* Seine Entschuldigung mit der Motorradpanne war nur eine faule Ausrede gewesen. Und sie war schon oft davor gewarnt worden, dass er nur Schwierigkeiten machen würde. Aber es fiel ihr immer schwerer, seinem Charme zu widerstehen, wenn sie in seiner Nähe war ...

Kate rannte um die Aschenbahn und sehnte sich nach Schatten. Sie atmete tief durch und zog sich ihre Baseballkappe tiefer ins Gesicht. „Was für eine Ironie, dass wir uns hier aufwärmen sollen", sagte sie keuchend zu Clara, die neben ihr lief.

„Señor Vazquez liebt es, uns leiden zu sehen", erklärte Clara.

Kate sah ihre Cousine kurz an und bemerkte, dass sie wie üblich einen frischen und coolen Eindruck machte. Ihr dunkelrotes Haar guckte sorgfältig geordnet unter ihrer weißen Baseballkappe hervor, und ihre hellblauen Shorts und ihr T-Shirt sahen aus, als ob sie gerade gebügelt worden wären.

Kate schaute an ihren Sportsachen hinunter, die sie zerknittert und von der ausgelaufenen Wasserflasche durchnässt aus ihrer Tasche genommen hatte. *Wie macht Clara das bloß?*, fragte sie sich, als Señor Vazquez die Mädchen mit einem Pfiff aus seiner Trillerpfeife in die Mitte des Sportplatzes rief. *Wie schafft sie es, eine Einser-Schülerin zu sein, all ihre Arbeiten zu Hause zu erledigen, Stunden bei den Theaterproben zu verbringen und dann noch immer perfekt auszusehen?*

„Aufgepasst! Die, deren Namen ich jetzt aufrufe, gehen rüber in die Sporthalle. Die spielen heute Basketball", verkündete ihr Sportlehrer.

„Ich hab noch nie Basketball gespielt", sagte Kate leise zu Clara, als ihre beiden Namen aufgerufen wurden.

„Es macht Spaß. Es wird dir gefallen", erklärte Clara ihr.

Sie liefer auf der Bahn zu dem weißen, doppelstöckigen Gebäude. „Wenigstens ist es drinnen", sagte Kate erleichtert, als sie durch die automatische Tür gingen und von einer kühlen Brise angeweht wurden.

Señorita Rossi, ihre Basketballtrainerin, erwartete sie bereits auf dem glänzend polierten Spielfeld. Sie sah Kate an. „Da du hier eine der Größten bist, möchte ich, dass du als Center spielst.“ Ein Gefühl der Panik erfasste Kate. Sie hatte gehofft, auf einer unauffälligen Position irgendwo hinten anfangen zu können. „Wenn du offensiv spielst, kannst du in einer umkämpften Situation Punkte erzielen“, fuhr Señorita Rossi fort. „Wenn du defensiv spielst, bist du die wichtigste Spielerin der Mannschaft, weil du die letzte Verteidigungslinie bist.“

„Offensiv, defensiv. Hab’s kapiert“, murmelte Kate, obwohl sie keine Ahnung hatte, was die Trainerin gerade gesagt hatte. Sie stand in der Mitte des Spielfeldes und warf Clara einen Blick zu: *Hilf mir!*

Clara lächelte ihr zu und reckte beide Daumen hoch. Gleich darauf ertönte ein Pfiff und die Trainerin warf den Ball aufs Spielfeld. Kate blickte überrascht drein, als Elena, die ihr gegenüber stand, hochsprang, sich den Ball schnappte und ihn ihrer Mannschaftskameradin zuwarf.

„Na, hättest du gern einen Kaffee, während du Pause machst?“ Elena grinste sie an und rannte dann das Spielfeld hinauf.

Mit zusammengepressten Lippen machte sich Kate an die Verfolgung. Sie würde den Ball zurückerobern und einen Korb werfen, selbst wenn sie bei dem Versuch ein Dutzend Fouls begehen musste.

Als der Pausenpfiff ertönte, hatte Kate das Gefühl, in ihrer Kehle würde ein Feuer brennen. „Ich bin total außer Form“, schnaufte sie und hielt sich die Seite.

„Ich dachte, dass die ganze Arbeit auf der Ranch ein gutes Training für dich wäre.“ Elena warf ihr Haar nach hinten.

„Zumindest so gut, dass du den Ball nicht dreimal an dir vorbeilässt.“

„Zweimal“, verteidigte sich Kate. „Das eine Mal war es nicht meine Schuld. Und außerdem sind wir ein Pferdeschutzhof und keine Western-Ranch.“

„Was auch immer“, sagte Elena mit zutiefst gelangweilter Stimme.

„Elena, du warst auf dem Spielfeld auch nicht immer gerade die Schnellste“, kritisierte Claras Freundin Lois sie, während sie den Verschluss ihrer Wasserflasche abschraubte und einen Schluck nahm. Sie sah Kate an. „Das war dein erstes Basketballspiel, stimmt's?“

„Ja, genau.“

„Gut gemacht!“ Lois lächelte.

„Danke.“ Kate fühlte sich ein wenig getröstet. Als die Pfeife wieder ertönte, rief sie zu Clara hinüber: „Kannst du mir heute Abend einen Sitz im Bus reservieren? Es kann sein, dass es bei mir etwas knapp wird. Ich muss noch einige Formulare im Sekretariat abgeben.“

„Ich nehme nicht den Bus“, entgegnete Clara. „Ich hab noch Probe.“

„Was für eine Probe?“ Lois zog eine Augenbraue hoch.

Kate war überrascht, dass Lois als Claras beste Freundin diese Frage stellte. „Die Probe für ‚Ein Sommernachtstraum‘“, antwortete Kate. „Das Theaterstück, für das sie in den letzten Wochen gelebt hat.“

„Du spielst Theater?“ Lois schien fasziniert zu sein. „Cool. Ich hab mir auch schon ein paar Mal überlegt, ob ich mitmachen soll.“

„Ja“, sagte Clara kurz angebunden. „Aber du kannst nicht mehr einsteigen. Wir führen bald schon auf.“

„*Soll ich dich einem Sommertag vergleichen?*“ Lois ergriff Kates Hände und ließ die Wimpern flattern.

„He, Mädels, hört auf, hier herumzulabern! Wir sind schließlich hier, um Basketball zu spielen, oder nicht?“, fragte Elena.

„*Der du viel lieblicher und sanfter bist?*“, fuhr Kate fort und runzelte die Stirn, während sie versuchte, sich an die Stelle des Stücks zu erinnern. Sie hatte den „Sommernachtstraum“ vor zwei Jahren in ihrer Schule einstudiert. *Ich wünschte, ich hätte ein Gedächtnis wie Clara.*

„Das ist die Stelle, die ich immer vergesse“, rief Clara, als sie in den Mittelkreis lief.

Als Kate auf das Spielfeld zurück ging, fragte sie sich, warum Clara ihrer Freundin nicht gesagt hatte, dass sie bei einer Theateraufführung mitwirkte. *Vielleicht ist es etwas, das sie gerne für sich behält. Schließlich hat sie mich ja auch nie gefragt, ob ich mitmachen möchte.* Als sie ihre Position gegenüber Elena einnahm, überlegte Kate, ob Clara nicht die Theaterprobe sondern jemanden bei der Probe verheimlichen wollte. Während sie auf den Anpfiff wartete, wurde Kate bewusst, dass es eine Menge gab, das sie immer noch nicht über ihre Cousine wusste.

„Ist meine kleine Dame hungrig?“ Kate hielt Neema den Futtereimer entgegen. Gleich als sie nach Hause gekommen war, hatte sie ihre Stallklamotten angezogen und war in den Hof gerannt, um die Stute zu sehen. Die blinzelte sie verschlafen an. „Habe ich dich aufgeweckt?“ Kate lächelte. Sie schüttelte den Eimer leicht. „Komm, mein Mädchen! Inzwischen kennst du doch die Prozedur.“ Neema spitzte die Ohren und streckte sich, um an dem Futter zu schnuppern. Das Stroh raschelte, als die Stute näherkam.

Freude durchströmte Kate, als Neema ohne ihr sonst übliches misstrauisches Schnauben zu fressen begann. Kate hob die Hand. Es war ihr unmöglich, dem Drang zu widerstehen, die Stute zu berühren, die so nah vor ihr stand. Sie hielt den Atem an, als sie die Finger vorsichtig auf Neemas Hals legte. Neema versteifte sich. Ihre Haut zuckte unter Kates Berührung, als ob von einer Fliege belästigt werden würde. Kate machte ihre Hand ganz flach und freute sich, als sie merkte, wie die Spannung nachließ. Neemas Fell war weich, und Kate bewegte ihre Hand wagemutig in einem Halbkreis. „Braves Mädchen!", murmelte sie, auch wenn Neema sie ignorierte. Kate hatte nicht den Eindruck, dass Neema die Berührung genoss. Aber sie sträubte sich auch nicht.

Nachdem Neema zu Ende gefressen hatte, stieß sie einen enttäuschten Seufzer aus und zog sich dann zu ihrem Heunetz zurück. Kate drehte sich zur Tür um und sah Lizzies Silhouette im Gegenlicht. „Das war ja erstaunlich. Ich kann gar nicht glauben, dass sie das zugelassen hat." Lizzie klang überrascht.

„Ich bin mir nicht sicher, ob ihr das gefallen hat", gab Kate zu. Ein warmes Gefühl der Freude über Lizzies Lob durchströmte sie.

„Wir haben gesehen, wozu sie fähig ist, wenn sie nicht will, dass man ihr zu nahe kommt", erinnerte Lizzie sie. „Aber sie hat sich gerade von dir berühren lassen." Sie hielt nachdenklich inne. „Ich glaube, wir sollten an diesem Wochenende mal versuchen, sie ein paar Schritte zu führen."

„Das wäre toll", sagte Kate. „Und du meinst nicht, dass sie ausflippen wird?"

Lizzie zuckte mit den Schultern. „Sie ist immer noch unberechenbar. Deshalb ist es schwer zu sagen, wie sie reagieren wird. Sollte sie Anzeichen von Stress zeigen, hören wir sofort auf."

Kate nickte, hin- und hergerissen zwischen der Aufregung bei dem Gedanken an die Arbeit mit Neema und der Sorge, dass sich die Stute verletzen könnte.

Lizzie sah kurz auf die Uhr. „Ich hätte jetzt Zeit, dir eine Stunde zu geben. Hast du Lust?“

„Ja, gern!“, rief Kate. Sie musste unwillkürlich daran denken, wie viel Clara eigentlich versäumte. Warum machte sie sich so wenig aus dem Reiten? „Wen soll ich satteln?“, fragte sie.

„Wir nehmen Belle“, entschied Lizzie. „Falls du sie von Nando wegbekommst.“

Kate lachte leise in sich hinein. „Ich gehe und hole sie. Gib mir fünfzehn Minuten!“

„Wir treffen uns auf dem Reitplatz“, sagte Lizzie und winkte ihr kurz zu.

„Hab keine Angst, einige Schritte leichtzutraben, wenn du das Gleichgewicht wiederfinden musst“, rief Lizzie, als Kate den Platz im ausgesessenen Trab umrundete. „Gut gemacht“, lobte Lizzie als Belle die Balance wiederfand. „Gutes Reiten bedeutet, die Hilfen dem Bedarf des Pferdes anzupassen. Und jetzt möchte ich, dass du durch die ganze Bahn wechselst.“

Kate bewegte die Stute in Richtung der hinteren Ecke des Reitplatzes.

„So, jetzt das Abwenden vorbereiten“, rief Lizzie ihr zu, „und zum Leichttraben übergehen.“

Kate lächelte vor Freude, als Belle geschmeidig abwendete und mit nach vorn gespitzten Ohren auf ihre Hilfen reagierte.

„Vergiss nicht, in der Mitte des Platzes zwei Schritte auszusitzen, um wieder richtig leichtzutraben!“

Als sie X passierten, konzentrierte sich Kate darauf, Belles Trab kurz auszusitzen. *Eins, zwei*, zählte sie und begann danach wieder mit dem Leichttraben.

„Gut!“, lobte Lizzie. „Du hast wirklich den Bogen raus!

Jetzt möchte ich, dass du weiter auf der rechten Hand bleibst. Und wenn du bereit bist, würde ich gern sehen, wie du im langsamen Galopp auf dem Zirkel reitest."

Belles Trab wurde für einige Schritte schneller, bevor sie in den Galopp überging.

Freude durchströmte Kate, als sie die lange Seite des Platzes entlangzuschweben schienen. *Das ist das schönste Gefühl überhaupt!*

„Pass auf deine Beinhaltung auf!", wies Lizzie sie an, als Belle im Galopp aus dem Tritt kam und wieder in den Trab überging.

„Tut mir leid", keuchte Kate, als sie Belle signalisierte, wieder zu galoppieren. Die Stute kam der Aufforderung bereitwillig nach.

„Perfekt!", erklärte Lizzie. „Sehr schön, Kate! So, und jetzt langsamer werden und durchparieren!"

Als Kate Belle in den Trab und dann in den Schritt verlangsamte, meinte Lizzie: „Du hast sie wirklich gut geritten. Aber versuche, immer weiter anzutreiben."

Kate nickte. Sie beugte sich vor und klopfte Belles Schulter. „Das hast du toll gemacht", sagte sie zu der Stute und ließ sie am langen Zügel gehen.

Belle schnaubte und reckte den Hals.

„Kannst du dich jetzt allein um sie kümmern?", fragte Lizzie. „Im Haus wartet ein Berg von Papierkram, auf dem mein Name steht." Sie runzelte die Stirn. „Die Rechnungen stapeln sich, aber so allmählich gehen uns die Spenden aus, die wir bekommen haben, als wir den Laden aufgemacht haben. Wir müssen uns etwas überlegen, damit wir ein regelmäßigeres Einkommen reinbekommen."

Kate biss sich auf die Lippe. „Ist unsere finanzielle Situation so angespannt?"

Lizzie nickte. „Ich weiß nicht, wie wir die nächste Heubestellung bezahlen sollen. Aber“, sie zwang sich, einen optimistischeren Ton anzuschlagen, „darüber musst du dir nicht den Kopf zerbrechen.“ Sie winkte Kate kurz zu und ging zum Tor des Reitplatzes.

„Danke für die Stunde“, rief Kate ihr nach. Sie neigte den Kopf zurück und spürte die Hitze der Nachmittagssonne auf ihrem Gesicht. *Wir müssen mehr Geld auftreiben*, dachte sie. *Aber wie?*

Nachdem Kate Belle trocken gerieben und die übrigen Pferde gefüttert hatte, ging sie ins Haus. Musik schallte ihr aus der Küche entgegen, und sie versuchte einige Mambo-Schritte. Leise zählte sie den Vierviertel-Rhythmus mit und stieß die Schwingtür zur Küche auf.

„Ah, Kate“, grüßte Rafael sie. „Bitte, sag Santa, dass wir Männer nach der schweren Arbeit des Tages nicht darauf warten müssen sollten, etwas zu essen zu bekommen, hm?“

Luis schlich sich hinter Santa und versuchte, eine Schöpfkelle voll Pasta zu stibitzen, die in einem Sieb dampfte.

„Ihr Männer bekommt zu essen, wenn ich entschieden habe, dass das Essen fertig ist“, erklärte Santa und drehte sich um, um Luis mit dem Kochlöffel auf die Finger zu klopfen. „Und keiner bekommt was, wenn er sich nicht die Hände gewaschen hat und am Tisch sitzt.“

Kate grinste, als Luis und Rafael wie getadelte Schulkinder zum Waschbecken gingen. „Ich habe sie mir schon gewaschen. Brauchst du noch Hilfe?“, fragte sie Santa.

„Sicher. Du kannst die Sauce probieren und mir sagen, ob sie in Ordnung ist“, antwortete Santa mit einem schelmischen Ausdruck in den Augen.

„Warum darf sie was probieren?“, protestierte Luis, als Kate den Löffel in die Tomatensauce tauchte.

„Weil sie es nicht mit irgendwelchen schlauen Tricks versucht hat“, erklärte Santa, als sie begann, die Pasta auf Schüsseln zu verteilen. „Kannst du Lizzie und Clara rufen?“, fragte sie Kate.

Kate nickte. „Die Sauce ist köstlich“, lobte sie Santa, bevor sie zum Arbeitszimmer hinüberging. „Essen ist fertig“, rief sie Lizzie. „Weißt du, wo Clara ist?“

„Ist sie noch nicht zu Hause?“ Lizzie sah von dem Formular hoch, das sie gerade ausfüllte.

„Ich geh mal und seh in ihrem Zimmer nach“, sagte Kate. Sie sah kurz auf die Uhr. Die Schule war schon seit Stunden aus. Clara war sicher bei der Theaterprobe. Kate ging in das Zimmer ihrer Cousine, wo ihr das ordentlich gemachte Bett und der Bücherstapel auf dem Nachttisch auffielen. Kate war überrascht, keinen Shakespeare unter den Taschenbüchern zu sehen.

Als sie wieder nach unten ging, läutete ihr Handy. Diegos Name leuchtete auf dem Display auf. „Hallo?“

„Hallo, Kate“, sagte Diego. „Ich hatte heute in der Cafeteria das Gefühl, dass du nicht gerade glücklich warst.“

„Keine blöden Scherze, Sherlock“, sagte Kate in einem unbeschwerten Ton. Sie hatte Diego bereits verziehen, dass er sie versetzt hatte. *Aber es tut nicht weh, wenn er sich zusätzlich bemüht, nett zu sein.*

„Ich wollte nur sagen, dass ich es mir nie entgehen lassen würde, dich zu treffen.“ Diego klang aufrichtig.

„Schön“, sagte Kate, als sie auf die Veranda hinausging. „Und was ist jetzt mit dem Motorrad?“

„Auf das bin ich total sauer“, antwortete Diego. „Es hat jetzt Hausarrest, weil es mich gestern Abend im Stich gelassen hat.“

Kate musste lachen. „Ich hoffe, du hast zur Party am Freitag ein zuverlässigeres Transportmittel.“ Bis dahin waren es nur noch zwei Tage!

„Hab ich“, versprach Diego. „Ich möchte nicht riskieren, noch eine Chance zu verpassen, mit dir zu tanzen.“

Kate wurde abgelenkt, als sie sah, wie Clara die Zufahrt heraufkam. „Diego, ich muss jetzt Schluss machen. Wir sehen uns dann morgen. Danke für den Anruf.“

„Ich freu mich drauf“, sagte Diego und legte auf.

Kate rannte die Treppe hinunter und ging Clara entgegen. „Das Abendessen ist schon fertig“, rief sie ihrer Cousine zu. „Wie lief's bei der Probe?“

„Danke, gut,“, antwortete Clara einsilbig.

Kate wartete, dass sie etwas mehr erzählte, aber Clara schwieg. „Ich nehme an, dass du als Helena besetzt worden bist, hm? Sie ist klein und dunkelhaarig.“

Clara warf ihr einen Blick von der Seite zu. „Uhm, sicher.“ Sie lächelte Kate kurz an. „Ich gehe jetzt und wasch mir schnell die Hände. Kannst du Santa sagen, dass ich gleich zum Abendessen komme?“

„Gern“, sagte Kate. Clara rannte die Verandatreppe hinauf und ins Haus. Kate starrte ihrer Cousine mit gerunzelter Stirn nach. *Irgendwas stimmt da nicht. Ich weiß jetzt, dass sie mir etwas verheimlicht.*

KAPITEL 7

Am Freitag rannten Kate und Clara die Zufahrt hinauf.

„Warum so eilig?“, rief Clara.

„Julias Papá holt mich in weniger als zwei Stunden für die Party ab“, rief Kate über die Schulter zurück.

„Wie lange brauchst du denn, um dich fertigzumachen?“ Claras Stimme hörte sich total ungläubig an.

„Wird knapp, weil ich vor der Abfahrt zur Party noch so viel erledigen muss“, stieß Kate hervor, während sie auf die Veranda rannte und ihre Schultasche einfach fallen ließ. Sie schleuderte ihre Ballerinas von sich und schlüpfte in ihre Stallstiefel.

„Hilfst du mir?“, fragte sie Clara.

„Aber nur für eine Stunde. Meine Probe ist um sechs. Und erst, nachdem ich mich umgezogen habe“, sagte Clara. „Was ich übrigens auch von dir erwarte.“

Kate sah an sich hinunter: auf das lange T-Shirt und die Leggings. „Ach, das geht schon. Ich hatte sowieso vor, die Sachen heute Abend in die Wäsche zu stecken.“

Clara zog eine Augenbraue hoch, und Kate wusste, dass ihre Cousine vorhatte, ihr einen Vortrag zu halten, sorgfältiger mit ihren Klamotten umzugehen, zu dem zweifellos ein strenger Hinweis auf die Waschfee gehörte. Doch bevor Clara noch etwas sagen konnte, sprang Kate die Treppe hinunter und lief zur Koppel hinüber.

Die Pferde standen dort im Kreis und zupften am Heu. Währenddessen schlugen sie träge mit den Schweifen nach den lästigen Fliegen. Kate lächelte, als Nando nach einigen Halmen leckte, die Belle aus dem Maul hingen. „Hey, keine Küsse in der Öffentlichkeit!“, scherzte sie.

Die Pferde sahen in ihre Richtung. Cohete stieß ein leises Wiehern aus. Kate beantwortete es mit einem Winken, bevor sie sich umdrehte und zu den Ställen ging. Überrascht bemerkte sie, dass das Tor weit offen stand. Sie betrat den Hof und sah einen mit Heuballen beladenen Lastwagen.

„Was ist das denn?“, fragte sie Lizzie, die mit in die Hüften gestemmten Händen auf das Heu starrte.

Lizzie lächelte sie an. „Es ist eine Spende! Ist das nicht toll? Das reicht für Monate. Ein Freund von Señor Morinigo hat es uns geschickt. Dieser Mann ist eine wandelnde Reklame für den Pferdeschutzhof!“ Es war zum Teil Señor Morinigos Einfluss auf den Stadtrat zu verdanken gewesen, dass ihr Antrag auf Anerkennung des Pferdeschutzhofs als gemeinnützige Einrichtung genehmigt worden war. Erst dadurch war es möglich geworden, Spenden anzunehmen.

„Das ist großartig!“, rief Kate aus.

Der Fahrer des Lasters sprang aus dem Führerhaus und entriegelte die Heckklappe. „Ich hoffe, dass du stark bist“, sagte er auf Spanisch zu Kate.

„Ich hoffe, dass wir es alle sind“, sagte Rafael, der mit Luis aus der Scheune kam. „Wir haben da drin etwas umgeräumt und die Futterkästen an die Rückseite der Scheune geschoben. Da dürfte jetzt genug Platz für das ganze Heu sein“, sagte er zu Lizzie.

Der Fahrer stieg auf die Ladefläche, packte einen Ballen an der Schnur und warf ihn zu Luis hinunter. Der schulterte ihn mühelos und ging damit in die Scheune. Danach nahm Kate einen Ballen entgegen und ging fast in die Knie, als dessen Gewicht auf ihre Schultern drückte.

„Er ist schwerer als er aussieht, oder?“ Der Fahrer lachte leise.

Kate hatte nicht den Atem, zu antworten, als sie zur Scheune ging. Erleichtert ließ sie den Ballen zu Boden fallen, sobald sie drin war.

„Vorsicht! Du willst doch nicht, dass die Schnur aufplatzt“, mahnte Luis, als er ihren Ballen neben den rückte, den er hineingetragen hatte.

Als sie zum Lastwagen zurückgingen, beobachtete Kate, wie Neema den Kopf über die Boxentür streckte und sich ein Maul voll von dem Heuballen schnappte, den Rafael gerade vorbeitrug.

„Ganz schön frech“, lachte Kate. Es war erfreulich, zu sehen, wie Neemas Vertrauen langsam wuchs.

„Meinst du, dass ihr jetzt ohne mich auskommt?“, fragte Lizzie, als Kate neben sie trat.

„Damit du dich davor drücken kannst, deinen Anteil der Schlepperei zu übernehmen?“, gab Kate zurück. „Das halte ich für eher unwahrscheinlich!“

Lizzie lachte, als sie vom Fahrer einen Heuballen entgegennahm. „Du hast Glück, dass ich so gut drauf bin.“

Kate spürte eine Welle der Zuneigung zu ihrer Tante. *Obwohl ich Mum und Dad vermisse, kann ich mir nicht vorstellen, irgendwo anders als hier zu leben.* Als sie die Hände nach dem nächsten Ballen ausstreckte, wurde ihr klar, dass sie den Pferdeschutzhof nicht mehr nur als die Batistuta-Ranch, sondern als ihr Zuhause betrachtete.

Als Kate den, wie es ihr vorkam, hundertsten Heuballen ablegte, sah sie kurz auf die Uhr und stellte fest, dass sie nur noch weniger als eine Stunde Zeit hatte, um sich für die Party fertigzumachen. „Tut mir leid, aber ich muss euch jetzt allein lassen“, sagte sie zu Luis. „Julias Papá holt mich um sechs ab.“

Luis runzelte die Stirn. „Du gehst heute Abend aus?“

„Die Party“, erinnerte Kate ihn.

„Mit Diego.“ Luis presste die Lippen zusammen.

Er wird mir sicher nicht „viel Spaß“ wünschen, wurde Kate klar, als sie den Stall verließ. *Egal, ich brauche sein Einverständnis nicht, um auf diese Party zu gehen.*

Während Kate den anderen zum Abschied zuwinkte, rief Lizzie: „Sei bitte nicht später als halb zwölf zurück! Und viel Spaß!“

Kate lief zum Haus und schleuderte die Stiefel von sich, bevor sie hineinging. Das Familienbadezimmer befand sich im Erdgeschoss, und Kate entschied sich für eine schnelle Dusche, da die Zeit knapp war. Nachdem sie sich die Haare gewaschen hatte, wickelte sie sich ein Handtuch turbanförmig um den Kopf und ging nach oben. Ihr Telefon piepte und zeigte eine SMS von Louisa an. Kate lächelte, als sie las: „Ich hoffe, du hast heute Abend bei der Party viel Spaß. Ich wünschte, ich wäre auch dabei! L“

Kate schrieb ihr eine kurze Antwort: „Berichte dir morgen per E-Mail darüber. K.“ Sie steckte das Handy in die Tasche und sah kurz auf die Uhr. Noch dreißig Minuten bis zur Abfahrt!

Kate betonte ihre Augen mit wasserfestem Mascara, trug danach sorgfältig den Lipgloss auf und föhnte sich anschließend die Haare. Sie fasste ihre Haare mit einer Hand zusammen, ließ einige Strähnen lose herabfallen und betrachtete sich kritisch im Spiegel. „Ich glaube, ich trage es offen“, entschied sie und ließ die Haare wieder über ihre Schultern fallen.

Jetzt blieben ihr nur noch fünf Minuten, bis Julia ankommen sollte. Hastig schlüpfte Kate in die hautengen Jeans und ein rotes Top. Sie hatte die Sachen am Abend zuvor ausgewählt. Während sie ein Paar Ballerinas anzog, nahm sie ihre Tasche, die ihre Schwimmsachen enthielt, und ein Paar rote Schuhe mit gewagt hohen Absätzen, die zu ihrem Top passten. Sie wollte keine Einwände riskieren, dass sie sie trug, und hatte beschlossen, sie erst während der Fahrt zur Party anzuziehen.

Es befand sich offenbar niemand im Haus, als Kate nach unten ging. Nach einem letzten prüfenden Blick in den Spiegel der Flurgarderobe trat sie auf die Veranda. Dort sah sie auch schon das Auto von Señor Fernandez die Zufahrt heraufkommen.

„Superpünktlich“, sagte Kate, als sie die Autotür öffnete.

„Du aber auch.“ Señor Fernandez hörte sich überrascht an. „Ich glaube, das ist das erste Mal bei einer von Julias Freundinnen.“

„Jetzt lass Kate doch erst mal einsteigen, bevor du mit einer deiner Predigten anfängst, Papá“, forderte Julia ihren Vater mit einem Lächeln auf. „Wow! Das sieht heiß aus!“

„Danke!“, lächelte Kate. „Aber warte erst mal, bis du meine High Heels siehst!“ Sie musterte Julia und bewunderte das tolle Kleid ihrer Freundin und die silbernen Stöckelschuhe mit Riemchen. „Da wir gerade von heißem Aussehen reden: Du siehst aus, als würdest du gleich in Flammen aufgehen! Mir gefällt dein Kleid.“

Kate lehnte sich im Sitz zurück, froh über den frischen Luftzug aus der Klimaanlage. „Danke fürs Mitnehmen, Señor Fernandez.“

„Ist mir ein Vergnügen“, antwortete Julias Vater, als er in

die Hauptstraße einbog. „Ich hole Julia um elf ab. Wenn du mitfahren willst, dann warte mit Julia am Haupttor auf mich. Ich möchte nicht das Ranchhaus und die Gärten nach dir durchkämmen“, fügte er an Julia gewandt hinzu.

„Ich werde da sein“, versprach Julia. „Papá muss morgen früh arbeiten. Deshalb macht er jetzt schon Stress, damit er heute Nacht noch genug Schönheitsschlaf bekommt“, sagte sie zu Kate.

„Ich dachte, dass Reporter nie schlafen, wenn sie an einer heißen Story dran sind“, witzelte Kate, „außer vielleicht ein paar Stunden mit dem Kopf auf dem Schreibtisch.“

„Dieser Reporter hier braucht mindestens sechs Stunden Schlaf“, entgegnete Señor Fernandez, „oder seine Artikel ähneln dem Geschreibsel eines Grundschulkindes!“

„Papá will doch nur, dass man ihm Komplimente macht“, sagte Julia in weithin hörbarem Flüstern. „An dieser Stelle sagt man ihm dann, dass er der größte Reporter überhaupt ist!“

„Das ist auch die Stelle, an der du Geld für eine Busfahrt nach Hause bekommen kannst“, sagte Señor Fernandez, als er an einer Reihe von roten Lichtern den Wagen verlangsamte.

Julia grinste Kate an. „Also, ich nehme an, du warst noch nie auf der Mendez-Ranch?“

Kate schüttelte den Kopf.

„Die ist schon was Besonderes“, sagte Julia. „Der ideale Ort für eine Party.“

Kates drehte sich vor Aufregung der Magen um. Sie starrte aus dem Fenster und erkannte die Strecke, die sie vom Flughafen zur Ranch gefahren waren, als sie aus England gekommen war.

„Wir sind da!“ Julia zupfte Kate am Ärmel. Kate sah durch das Fenster hinaus auf einen makellosen Rasen, der sich bis zu einem Gebäude erstreckte, das eher wie ein englisches Herrenhaus als wie eine Ranch aussah. Reich verzierte Säulen stützten einen überdachten Eingang, an dem bunte Laternen aufgereiht waren.

Obwohl sie noch ein Stück vom Haus entfernt waren, konnte Kate bereits ein rhythmisches Wummern in der milden Abendluft hören. Weitere Autos hielten an der Vorderseite des Hauses und entließen zahlreiche Partybesucher. „Danke fürs Bringen, Papá", bedankte sich Julia, als sie die Tür öffnete und aus dem Wagen sprang.

„Ich werde wahrscheinlich immer noch im Stau stehen, um von hier wegzukommen, wenn ich euch abholen soll ...", sagte Señor Fernandez mit gespielt hoffnungslos klingender Stimme. „Also, dann wünsche ich euch viel Spaß!"

„Danke!" Kate winkte ihm kurz zu und folgte Julia in Richtung der Steintreppe, die auf den vorderen Rasen führte.

„Das ist Ricardo." Julia zeigte auf einen breitschultrigen Jungen, der an der Seite des Ranchhauses hin und her lief. „Es ist seine Party."

„Woher kennst du ihn?", fragte Kate.

„Er ist der Kapitän der Fußballmannschaft", antwortete Julia.

„Er geht immer noch zur Schule?" Kates Augen wurden groß. „Er sieht aus wie zwanzig!"

„Er ist neunzehn und wiederholt das letzte Jahr", erklärte Julia. „Gerüchten zufolge soll er aus der Mannschaft fliegen, wenn sein Notendurchschnitt in diesem Jahr nicht besser als drei ist. Hallo, Lois!" Sie winkte dem Mädchen zu, das mit einigen Leuten plauderte, die Kate nicht kannte.

„Hallo, Leute!" Lois kam zu ihnen herüber. Ihr rotbraunes Haar fiel in Locken auf ihre freien Schultern. „Wie geht's? Ist Clara nicht mitgekommen?"

„Sie probt“, erinnerte Kate sie.

„Ach, ja. Die mysteriösen Proben.“ Lois lächelte und ihre Augen funkelten, als sie von Kate zu Julia schaute. „Glaubt ihr, dass wir eine Einladung für die Aufführung des Stücks bekommen?“

„Wer weiß?“, sagte Kate leichthin. Sie wollte nicht über das ständige Verschwinden ihrer Cousine sprechen; nicht an diesem Abend. „So, und wo ist jetzt die Party?“, wollte sie wissen und sah sich um.

„Hinten, gleich um die Ecke.“ Lois zeigte in die angesprochene Richtung. „Da haben sie neben dem Pool einen Grill aufgebaut. Übrigens, ihr könnt eure Sachen in den Raum neben der Umkleidekabine stellen“, fügte sie mit einem Nicken auf Kates und Julias Taschen hinzu.

„Gute Idee.“ Julia hakte sich bei Kate unter. „Wir sehen uns später noch, Lois.“

„Ja, bis später!“ Lois winkte ihr zu.

Julia und Kate folgten dem Strom der Gäste um die Ecke des Hauses herum zum Innenhof. Kate blieb stehen und starrte auf den Swimmingpool, der von Unterwasserscheinwerfern beleuchtet wurde. Rund um den Pool standen weiß gestrichene Stühle und Tische mit flackernden Teelichtern. Durch weit geöffnete gläserne Flügeltüren kam man in einen Wintergarten. Dort war auf einem Glastisch ein kaltes Buffet mit Getränken angerichtet. Kate sah suchend in die Menge und hoffte, in dem Meer der unbekannten Gesichter Diego zu entdecken. „Siehst du Diego irgendwo?“, fragte sie Julia.

„Mach dir keine Sorgen! Der findet uns sicher bald“, sagte Julia. Sie begannen, sich durch die Menge einen Weg zur Umkleidekabine zu bahnen. Julia versuchte, den Lärm der Leute zu übertönen. „Warum machst du dir darüber überhaupt Sorgen? Den wird man nicht los!“

Neben der Umkleidekabine gab es einen speziellen Raum,

in dem man seine nassen Badesachen aufhängen konnte. Kate fand einen freien Haken und hängte ihre und Julias Taschen daran. Von draußen hörten sie ein lautes Platschen und gleich darauf Gelächter.

„Da hat jetzt jemand entweder den nassen Teil der Party zu früh eröffnet ... oder sich zu nah am Poolrand bewegt." Julia grinste.

Sie liefen nach draußen und sahen, wie ein Junge von seinen grinsenden Freunden aus dem Pool gezogen wurde. Sein Hemd und seine Jeans klebten wie eine zweite Haut an ihm. „Ich glaube, das war eher ein Fall, bei dem jemand dem Fuß eines anderen zu nahe gekommen ist!", kicherte Kate.

„Und der Preis für die zwei heißesten Mädchen muss an euch zwei gehen", sagte eine männliche Stimme, während sich ein Arm um Kates Schultern legte. Sie drehte sich überrascht um und sah, wie Diegos Freund Joaquin sie anlächelte. „Warum habt ihr noch nichts zu trinken?"

„Ist das ein Angebot, uns was zu holen?", fragte Julia.

„Gern", ging Joaquin darauf ein. „Aber bleibt auf jeden Fall hier, sonst finde ich euch nie wieder."

„Ach, bevor ich es vergesse ...", Julia wandte sich Kate zu, als Joaquin zum Wintergarten hinübereilte, „Falls wir uns aus den Augen verlieren: Wenn es Zeit für die Heimfahrt ist, treffen wir uns an der vorderen Treppe. Falls du nicht dort sein solltest, dann nehme ich an, dass du mit jemand anderem nach Hause fährst. Einverstanden?"

Kate nickte. „Ja, mach dir keine Sorgen. Oh, ich liebe diesen Song!", rief sie aus, als Rihannas „Russian Roulette" erklang.

„Ricardo hat von seinem Vater zum sechzehnten Geburtstag eine riesige Anlage geschenkt bekommen", sagte Julia. „Er spielt nur die Hits!"

„Kein Salsa?", fragte Kate ziemlich enttäuscht. Sie hatte

sich so darauf gefreut, die neu gelernten Schritte auf der Tanzfläche auszuprobieren.

„Schaut, wen ich entdeckt habe“, unterbrach Joaquin sie, überreichte jeder ein Glas Fruchtpunsch und zeigte dann auf Diego, der hinter ihm auftauchte.

Kate schaute an Joaquin vorbei zu Diego hinüber. Der sah in der schwarzen Jeans und dem offenen, rot karierten Hemd über einem weißen T-Shirt echt toll aus. Er kam direkt auf sie zu und küsste sie auf die Wange. „Du siehst fantastisch aus“, murmelte er.

„Danke.“ Kate sah ihn kurz an. „Du auch.“

Diego tat so, als würde er sich Schweiß von der Stirn wischen. „Puh! Endlich habe ich es geschafft, dir ein Kompliment zu entlocken.“ Er ergriff ihre Hand. „Komm, lass uns tanzen!“

„Also, wir sehen uns dann später“, rief Kate zu Julia zurück. Diego führte sie zum Wintergarten und von dort durch eine Reihe weiterer Türen in eine große Halle. Bunte Lichterketten reihten sich entlang der Decke und wanden sich durch olivgrüne Topfpflanzen, die zu beiden Seiten der gegenüberliegenden Türen aufgestellt waren. Musik im vertrauten Vierviertel-Rhythmus beschallte die Halle.

„Salsa!“, stellte Kate erfreut fest.

„Ich habe mich schon darauf gefreut, dass du mir zeigst, was du schon kannst“, sagte Diego.

„Ich bin immer noch blutige Anfängerin“, dämpfte Kate seine Erwartungen. Sie befürchtete plötzlich, Diego würde erwarten, dass sie sich in eine Art Tanzkönigin verwandelt hatte.

„Dann verlass dich einfach nur auf mich.“ Diego ließ Kates Hand los und legte seinen Arm um ihre Taille. Er führte sie in den Raum, der im Rhythmus der Musik vibrierte. Tische waren um die Tanzfläche gruppiert, die von Discolichtern an der Decke beleuchtet wurde. Kate stellte ihr Getränk ab, drehte sich in Richtung der Tänzer und zögerte, als sie einige der Paare mit perfekten Schritten herumwirbeln sah.

„Hm“, sagte sie mit einem leichten Gefühl der Nervosität. „Hat Ricardo einige Profis angeheuert?“

Diego lachte lauthals auf. „Ach, komm, Kate!“, sagte er und nahm ihre Hand. „Je mehr du darüber nachdenkst, umso schwerer wird es. Fühl dich einfach nur mit Herz und Seele in den Tanz ein.“ Diego drehte sie herum, sodass sie ihm direkt gegenüberstand. „Lass dich einfach von mir führen, ja?“ Er erhob seine Stimme über die Musik. „Und sieh nicht nach unten!“, fügte er hinzu, als Kate instinktiv auf seine Füße sah. „Schau mir in die Augen.“

Kate sah ihn an und traf seinen Blick, der teils neckend, teils ernst wirkte. Als sie spürte, wie Diego ihre Hand drückte, machte sie einen Rückwärtsschritt und folgte ihm dann nach vorn. *Es ist verrückt, es klappt tatsächlich!*, dachte sie erfreut ... bevor sie Diego auf den Fuß trat. „Ich hab die Pause vergessen“, sagte sie, wütend auf sich selbst.

„Ja, das hast du.“ Diego zuckte mit den Schultern. „Also, fangen wir noch mal von vorne an!“

Kate begann, sich linkisch und unbeholfen vorzukommen, besonders als einige der Tänzer, die an ihnen vorbeiwirbelten, sie ansahen und lachten.

Ihre Augen wurden groß, als Diego sie näher an sich zog. „Wie wär’s, wenn wir improvisieren?“, schlug er vor. „Lass dich einfach führen.“ Er bewegte die Hüften, während er sich mit ihr im Kreis drehte. „Ja, ich glaube, du hast ein natürliches Rhythmusgefühl“, sagte er, und Kate begann sich zu entspannen. Sie folgte seiner Führung, als sie die Grundschritte des Mambos erkannte. Als ihr Vertrauen wuchs, löste sie sich von ihm und mit einem Lachen hob Diego seinen

Arm, sodass er Kate herumwirbeln konnte. Dann ergriff er wieder ihre Hand und wirbelte sie um die Tanzfläche. Während sie eine Mischung aus Salsa und improvisierten Schritten tanzten, vergaß Kate allmählich die Zeit.

„Fantastisch!“, sagte Kate atemlos. „So was machen wir nie zu Hause ... in England.“

„Und, willst du jetzt dein Getränk?“, fragte Diego.

Kate nickte. „Und vielleicht etwas zu essen.“ Sie hatte seit dem Mittag nichts gegessen.

Sie gingen zum Wintergarten zurück, wo sie Maisbrot, verschiedene Saucen und Oliven auf ihre Teller häuften. Dann gingen sie in den Innenhof hinaus. Kate inhalierte den pikanten Duft in der Luft. „Was riecht denn hier so großartig?“

„Hähnchen“, sagte Diego. „Willst du was?“

„Gern.“ Kate nickte. Sie sah sich nach einem freien Tisch um und entdeckte schließlich einen auf der gegenüberliegenden Seite des Swimmingpools. Einige Minuten später setzte sich Diego mit einem Teller Hähnchenflügel zu ihr an den Tisch. „Vorsicht, die sind heiß.“

„Das ist eine der besten Partys, auf denen ich je gewesen bin“, erklärte Kate begeistert und biss in eine Scheibe Maisbrot.

„Nur eine der besten?“ Diego neigte den Kopf.

„Wenn ich jetzt sagen würde, dass es die beste ist, dann könntest du vielleicht aufhören, mich beeindrucken zu wollen“, sagte Kate.

„Du glaubst also, ich versuche, dich zu beeindrucken?“

„Etwa nicht?“, gab Kate zurück.

„Muss ich?“ Diego grinste.

Bevor Kate antworten konnte, hörten sie lautes Jauchzen und eine Gruppe Jungs rannte aus der Umkleidekabine in Richtung des Swimmingpools. Kate schrie auf, als sie ins

Wasser sprangen und alle Tische am Rand des Pools nass spritzten.

Diegos Augen blitzten amüsiert. „Willst du schwimmen?"

„Ich möchte jetzt was essen", sagte Kate und griff nach einem Hähnchenflügel.

„Ich zieh mich um. Komm nach, sobald du fertig bist!" Diego nahm einen Hähnchenflügel und ein Stück Maisbrot und schob seinen Stuhl zurück.

Da Kate das Risiko kannte, wenn man direkt nach einer schweren Mahlzeit schwamm, beschloss sie, nicht alles aufzuessen, was sie auf ihren Teller gehäuft hatte. Stattdessen lief sie schnell in die Umkleidekabine hinüber und zog ihren neuen Bikini an. Ein wenig befangen ging sie zum Pool zurück.

„Kate!" Diego winkte vom anderen Ende des Pools. „Komm rüber!"

Kate stand am Rand des Pools und wartete, bis sich eine Lücke zwischen den anderen Schwimmern auftat, um gefahrlos hineinspringen zu können. Unter Wasser schwamm sie bis zu Diego und zog heftig an seinen Beinen. Dann ließ sie ihn los, tauchte auf und schwamm zur Mitte des Pools.

Kurz darauf hatte Diego sie eingeholt.

„Köpfe runter!", schrie jemand, als ein Ball über das Wasser schlitterte. Kate schlug ihn hoch in die Luft. Er landete am entfernten Ende des Pools.

Diego nahm einen Schwimmreifen und ließ Kate hineinschlüpfen. „Da! Du willst dich doch nicht so verausgaben." Sie ließ die Arme über den Wulst des Reifens hängen und strampelte träge mit den Füßen.

„Ricardo hat ein kleines Kino in einem der Nebengebäude", sagte Diego zu ihr, „und er hat einige von uns zu einer Vorführung eingeladen. Willst du mitkommen?"

„Ich hab eher Lust auf das", sagte Kate und schlug mit der

Hand so auf das Wasser, dass eine kleine Fontäne Diego bespritzte. Der stürzte sich auf Kate und schubste sie aus dem Schwimmreifen.

Kate kreischte, schlug heftig um sich und tauchte unter. Als sie wieder hochkam, um Luft zu holen, sah sie sich nach Diego um, konnte ihn aber unter all den anderen Schwimmern nicht sehen. Da hörte sie, wie jemand ihren Namen rief. Sie drehte sich um und sah Diego auf einem Schaumstofffloß knien. Kate schwamm zu ihm hinüber und zog sich vorsichtig, damit sie nicht kenterten, zu ihm auf das Floß. Auf dem Rücken liegend, mit hinter dem Kopf verschränkten Armen betrachtete sie den Himmel. Ein flammendes Orange- und Scharlachrot färbte ihn, als ob Farbtöpfe über einer riesigen Leinwand verschüttet worden wären.

Kate erinnerte sich plötzlich an die Heulieferung am frühen Abend. „Einer der Freunde deines Vaters hat heute Heu an den Pferdeschutzhof geschickt“, sagte sie zu Diego. „Tante Lizzie war total begeistert.“

„Mein Vater ist von dem, was ihr da versucht, sehr beeindruckt.“ Diego klang sehr ernst. „In schweren Zeiten sind es oft die Tiere, die als Erste leiden. Viele Leute können es sich dann nicht mehr leisten, weiterhin für sie zu sorgen. Es ist gut, dass ihr ihnen einen Ausweg anbieten könnt.“

Kate zog die Finger durch das Wasser und das Floß schaukelte leicht. Es sah aus, als ob man weiter unten am Pool eine Partie Volleyball organisieren würde, aber Kate gab sich damit zufrieden, dort zu bleiben, wo sie war. *Alles ist perfekt – bis aufs i-Tüpfelchen.*

Als Kate und Diego den zum Kino umgebauten Stall verließen, war sie überrascht, wie dunkel es war. „Wie spät ist es?“, fragte sie Diego erschrocken.

Diego zog sie zur Seite, um die anderen Leute am Ausgang vorbeizulassen. „Es ist fast halb zwei“, antwortete er, während er seine Uhr ins Licht einer der Laternen hielt, die rund um den Stall aufgehängt waren.

„Halb zwei?“ Panik überfiel Kate. „Aber ich hätte doch schon um halb zwölf zu Hause sein müssen! Tante Lizzie dreht durch!“

„Jetzt beruhige dich!“, sagte Diego. „Wenn sie sich Sorgen gemacht hätte, dann hätte sie dich angerufen. Sie ist wahrscheinlich schon lang im Bett.“

„Ich hatte mein Handy ausgeschaltet.“ Kates Herz hämmerte, als sie das Handy aus der Tasche kramte. „Komm, mach schon!“, sagte sie ungeduldig, während sie darauf wartete, dass sie ein Netz bekam. Zwei SMS und eine Nachricht auf ihrer Mail-Box waren inzwischen eingegangen. Die erste SMS war von Julia: „Tut mir leid, ich musste nach Hause. Hab überall nach dir gesucht, konnte dich aber nicht finden. Hoffe, das heißt, du hast jemanden gefunden, der dich mitnimmt. Bis Montag. J.“

Kates Finger zitterten, als sie die andere Nachricht öffnete. Sie war von Clara: „Es ist Mitternacht, und Mamá ist nicht gerade glücklich. Du musst so bald wie möglich zurückkommen!“

„Ich muss gehen“, keuchte Kate. „Ich stecke in großen Schwierigkeiten. Kann dein Vater mich nicht mitnehmen?“

Diego schüttelte den Kopf. „Ich bleibe heute Nacht hier. Ich dachte, du würdest das auch tun. Die Mädchen schlafen in den Gästezimmern, und die Jungs bleiben im Haupthaus.“

Kate schüttelte den Kopf. Sie konnte nicht glauben, wie wenig ihre Situation Diego zu berühren schien. „Verstehst du nicht?“ Sie erhob die Stimme. „Tante Lizzie wird sich echt Sorgen machen. Sie hat mich schon vor Stunden zurückerwartet!“

Diego zuckte mit den Schultern. „Sie weiß doch, dass du

hier bist. Wenn sie wirklich beunruhigt gewesen wäre, dann wäre sie doch hergefahren, um dich zu holen."

Eine Welle der Frustration schlug über Kate zusammen. „Ich muss jetzt sofort nach Hause!"

„Señorita." Kate spürte, wie jemand auf ihre Schulter tippte. Sie drehte sich um und traf den besorgten Blick eines Mannes, der etwa Anfang zwanzig zu sein schien. Er sprach stockend Englisch. „Meine Freundin und ich, wir gehen jetzt. Wir nehmen dich mit, ja? Wir bringen dich nach Hause."

Erleichterung machte sich in Kate breit. „Danke! Vielen Dank!", sprudelte es aus ihr heraus.

„Wenn deine Tante schon schläft, dann weckst du sie doch nur auf und machst alles nur noch schlimmer, wenn du jetzt nach Hause gehst. Bleib hier und mein Vater nimmt dich morgen mit, wenn er mich abholt." Diego packte sie am Arm.

Kate schüttelte ihn ab. Diego hatte offensichtlich keine Ahnung davon, was ihre Tante von ihr erwartete. „Jetzt?", fragte sie den jungen Mann.

„Si." Er nickte. „Wir fahren jetzt."

Die Ranch lag in völliger Dunkelheit, als Kate darauf zuging. Sie hatte ihre Mitfahrgelegenheit gebeten, sie unten an der Zufahrt aussteigen zu lassen, sodass das Motorgeräusch des Wagens niemanden aufwecken würde. Sie betete, dass keines der Pferde ihr von der Koppel her zuwieherte. Kate schlich die Treppe hinauf und zuckte erschrocken zusammen, als ihre Absätze auf den hölzernen Brettern klapperten. In ihrer Eile, die Party zu verlassen, hatte sie ihre Tasche mit dem Bikini und den flachen Schuhen dort vergessen.

Ihr Herz begann zu hämmern, als plötzlich Licht die Veranda überflutete.

KAPITEL 8

Kate sah erstaunt, wie die Haustür aufging. Lizzie stand in der Türöffnung und zog den verblichenen blauen Morgenmantel fest um sich. „Weißt du eigentlich, wie spät es ist?", stieß sie kurz hervor.

Kate nickte nur, denn ihr Mund war zu trocken, als dass sie etwas hätte sagen können.

„Dann sind die Schwierigkeiten, in denen du jetzt steckst, noch hundertmal schlimmer", sagte Lizzie grimmig. „Zwei Uhr morgens!" Mit einem Kopfnicken forderte sie Kate auf, ins Haus zu kommen. „Zwei Uhr! Weißt du, was mich an dieser Geschichte am meisten ärgert, Kate? Deine Hinterhältigkeit! Du hattest ganz offensichtlich nie die Absicht, um halb zwölf Uhr zu Hause zu sein! Statt zu versuchen, mit mir eine spätere Sperrstunde auszuhandeln, hast du mir in die Augen geschaut und versprochen, zum vereinbarten Zeitpunkt daheim zu sein!"

„Ich wollte auf jeden Fall um halb zwölf zu Hause sein!", widersprach Kate. „Ich hatte mit Julia vereinbart, um elf mit ihr heimzufahren. Aber sie konnte mich nicht finden, als es Zeit war, aufzubrechen."

Lizzie verschränkte die Arme vor der Brust. Ihr blasses Gesicht wurde von einer einzelnen Lampe auf dem Flurtisch beleuchtet. Kate wünschte sich, die Zeit zurückdrehen zu können, nur um durch irgendetwas die Enttäuschung auszulöschen, die sich in das Gesicht ihrer Tante gegraben hatte. „Es tut mir wirklich leid", sagte sie. „Wirklich! Es war so toll, da hab ich nicht bemerkt, wie die Zeit verflogen ist."

„Das ist es ja gerade", sagte Lizzie wütend. „Du denkst nie nach! Verstehst du denn nicht, was für eine Verantwortung ich übernommen habe, als ich mich bereit erklärt habe, dich hier aufzunehmen? Wie könnte ich es deinen Eltern je erklären, wenn dir etwas passieren würde, wo sie doch darauf vertrauen, dass ich auf dich aufpasse? Du hast hier Freiheiten, die du in keinem Internat in England hättest. Und ich erwarte von dir, dass du diese Freiheiten nicht missbrauchst!" Kate spürte zu ihrem Entsetzen ein riesiges Bedürfnis, zu gähnen ... gegen das sie sich nicht wehren konnte. Sie versuchte zwar, es hinter ihrer Hand zu verbergen, aber Lizzie entging es natürlich nicht. „Tut mir leid, wenn ich dich langweile", sagte sie scharf. „Sieh zu, was du noch an Schlaf bekommen kannst, denn ich erwarte von dir, dass du morgen früh wieder auf dem Hof bist. Marta und Susanna kommen um halb neun zum Reitunterricht." Sie machte auf dem Absatz kehrt und ging zur Treppe hinüber. „Und glaube ja nicht, dass diese Absätze meiner Aufmerksamkeit entgangen sind!", bemerkte sie zum Schluss hämisch.

Kate starrte ihr entsetzt nach. *Dieses Mal hab ich es echt vermasselt. Was ist, wenn Tante Lizzie beschließt, mich nach England zurückzuschicken?* Sie ließ die Schultern hängen. Dann drehte sie sich um und schaltete die Lampe aus. Es war schwer zu glauben, dass sie noch wenige Stunden vorher gedacht hatte, der Abend sei perfekt.

Kate fand es am nächsten Morgen nahezu unmöglich, die Augen aufzubekommen. Sie stolperte mehr oder weniger im Halbschlaf in ihrem Zimmer umher, zog ihre Stallklamotten an und band ihr Haar zu einem Pferdeschwanz. Ihr Handy blinkte auf dem Nachttisch und erinnerte sie daran, dass sie die Mailbox nicht abgehört hatte. Sie holte es nach und stöhnte auf, als sie die drei Nachrichten abhörte, die ihr ihre Tante am Vorabend hinterlassen hatte. Jede hörte sich besorgter an als die vorangegangene.

Kate machte sich auf den Weg zur Küche. Als sie jedoch auf der anderen Seite der Schwingtür Lizzies und Santas Stimmen hörte, kehrte sie um. Sie schaffte es nicht, sich den missbilligenden Blicken ihrer Tante und Santas zu stellen. Sie durchquerte den Flur und öffnete leise die Haustür. Dann fuhr sie in ihre Stiefel und ging im grellen Morgenlicht heftig blinzelnd zum Hof.

Clara putzte bereits Nando. „Du siehst ja furchtbar aus", sagte sie und streifte die Kardätsche am Striegel ab. „Wann bist du denn letzte Nacht nach Hause gekommen?"

Kate seufzte. Clara musste sich nicht auch noch in diese Angelegenheit einmischen. Das würde nur dazu führen, dass sie sich noch schlechter fühlen würde. „Um zwei", antwortete Kate kurz angebunden.

Claras riss die Augen auf. „Und? Was hat Mamá gesagt?"

Kate schüttelte den Kopf. „In etwa das, was du vermutest."

„Du weißt schon, dass Mamá auch ohne dass du ihr noch Sorgen machst bereits genug um die Ohren hat?", erklärte Clara. „Sie hat die halbe Nacht kein Auge zugetan."

Kate spürte, wie ihre Wangen heiß wurden. „Ich hab es ja nicht absichtlich getan", verteidigte sie sich.

Clara zog die Augenbrauen hoch.

„Ach, vergiss es!", murmelte Kate. „Ich muss Cohete vorbereiten." Sie nahm einen Führstrick und ein Halfter und ging zur Koppel, um den Apfelschimmel zu holen. Als sie ihn auf den Hof führte, lugte Neema über ihre Box und stieß ein tiefes Wiehern aus. Kate brachte Cohete in die Box neben Neema und hörte, wie die Stute gegen ihre Tür trat. „Sie ist ganz wild darauf, dich zu sehen“, murmelte Kate. „Sie versucht sicher nicht, wegen mir herüberzukommen. Ich sollte vielleicht ein Schild mit der Aufschrift ‚Ausgestoßen‘ um den Hals tragen.“ Kate war zwar klar, dass sie sich gerade in Selbstmitleid badete, aber sie war zu erschöpft, um sich aus diesem Sumpf zu ziehen. Sie schloss die Augen und lehnte ihre Stirn an Cohetes Hals.

„Erschöpft vom Salsa tanzen?“ Luis’ Stimme weckte Kate. Sie war eingenickt.

Kate sah hoch und fuhr sich mit der Hand übers Gesicht. „Wie spät ist es?“, fragte sie erschrocken.

„Entspann dich! Es ist erst acht Uhr“, antwortete Luis. „Du hast noch eine halbe Stunde, bis die Reitschüler kommen.“

Kate nickte. Sie sah auf den Putzkasten in der Ecke der Box hinunter und versuchte, die Energie aufzubringen, eine Bürste herauszunehmen.

„Lizzie hat mir erzählt, was passiert ist“, bemerkte Luis.

„Ja, das kann ich mir gut vorstellen“, murmelte Kate.

„Wenn dich Julias Vater nicht mitgenommen hat, wie bist du dann letzte Nacht überhaupt nach Hause gekommen?“, wollte Luis wissen.

„So ein Typ hat mich mitgenommen“, winkte Kate ab. Sie kramte in ihrem Gedächtnis nach seinem Namen, konnte sich aber nicht erinnern.

„Ein Typ?“ Luis runzelte die Stirn. „Du hast ihn gar nicht gekannt?“

Lizzie kam an die Tür. „Habe ich das richtig gehört? Du hast dich von einem Fremden nach Hause bringen lassen?“

„Na, ja, irgendwie musste ich ja nach Hause kommen“, erklärte Kate. „Und jemand muss ihn doch gekannt haben, wenn man ihn eingeladen hatte.“

„Ja schon, aber du nicht!“ Lizzies Stimme zitterte vor Wut. „Darüber reden wir später noch.“ Lizzies Lippen waren zu einem dünnen Strich zusammengepresst. „Zu einem Fremden ins Auto zu steigen ist um einiges schlimmer, als die Sperrstunde zu überschreiten! Wie soll ich dir je wieder vertrauen, Kate?“

„Aber er war mit seiner Freundin ...“ Kates Widerspruch verstummte, als Lizzie wegging.

Kate kämpfte mit den Tränen. Sie hätte sich nicht träumen lassen, dass die Dinge noch schlimmer werden könnten. Aber sie wurden es gerade.

Kate führte Cohete in die Mitte des Reitplatzes. Dort warteten Marta und Susanna bereits. Sie zog die Steigbügel herunter und half Susanna schweigend beim Aufsitzen. Sie bekam das muntere Geplauder von Clara und Marta mit, als sich das kleine Mädchen in Nandos Sattel setzte. Kate versuchte, sich etwas zu überlegen, das sie zu Susanna sagen könnte. Ihr fiel nichts ein.

„Ich möchte, dass ihr die Zügel der Mädchen um den Pferdehals bindet, bevor wir anfangen“, erklärte Lizzie. „Ich möchte, dass die Mädchen während des ersten Teils der Stunde ohne sie reiten, damit sie lernen, dass Zügel nicht dazu da sind, um sich daran festzuhalten.“

Kate starrte auf die Zügel und versuchte, sich zu erinnern, wie man sie band. Als sie erfolglos an der Lederschlaufe herumfummelte, kicherte Susanna.

„So macht man das.“ Lizzie kam herüber und band mit drei geschickten Bewegungen einen Knoten.

Kate versuchte, nicht sehnsüchtig auf Cohetes Sattel zu

starren, als sie den Wallach zum Rand des Reitplatzes hinüberführte. *Ich wäre viel lieber da oben als hier unten.*

„Traben ab E, bitte!“, gab Lizzie das Kommando.

Kate umfasste den Führstrick fester und zog ein wenig daran, als sie sich dem gemalten Großbuchstaben näherten. Cohete leistete einen Augenblick Widerstand und fing dann zu traben an. Sie absolvierten zwei Runden, bis Lizzie sie zum Halten aufforderte. „Gut“, lobte sie Susanna und Marta. „Ihr wart beide auch ohne Zügel gut ausbalanciert. So, und jetzt könnt ihr die Zügel wieder aufnehmen. Aber vergesst nicht, dass sie nicht dazu da sind, um sich daran festzuhalten. Sie dienen dazu, dem Pony zu sagen, in welche Richtung es gehen soll.“

„Und um es anzuhalten“, warf Susanna ein, als Kate den Knoten an Cohetes Zügel aufband.

„Ganz genau.“ Lizzie nickte. „Aber woran müssen wir sonst noch denken, wenn wir anhalten?“

„Die Beine einzusetzen“, meldete sich Marta zu Wort.

„Das ist richtig“, bestätigte Lizzie. „So, und nun würde ich gern sehen, wie ihr im Trab eine Acht reitet. Vergesst dabei nicht, jeweils zwei Schritte auszusitzen, wenn ihr die Diagonale überquert, sodass ihr auf dem richtigen Fuß seid. Kate, die Schritte von Cohete sind etwas länger als die von Nando. Fang du an.“

Kate schnalzte mit der Zunge, um Cohete anzutreiben. Sie versuchte die beginnenden Kopfschmerzen zu ignorieren und Lizzies Blick auszuweichen, als sie die Platzmitte durchquerte. Dann jaulte sie jedoch vor Schmerz auf, als ihr Fuß plötzlich in einem Sandloch steckenblieb. Sie griff nach Cohetes Mähne, um nicht hinzufallen. Cohete schnaubte, bewegte den Kopf hin und her und blieb abrupt stehen. Mit einem erschreckten Keuchen fiel Susanna im Sattel nach vorn. Kate wollte sie halten und fasste nach oben, aber Lizzie, die herübergespurtet war, kam ihr zuvor. „Bist du in Ordnung?“, fragte sie Susanna.

„*Si*“, nickte das Mädchen. Clara und Nando hatten hinter ihr angehalten. „Ist Kate in Ordnung?“

„Alles in Ordnung“, keuchte sie, wagte es aber nicht, Lizzie anzusehen. „Es tut mir leid. Ich weiß nicht, was passiert ist.“

„Von mir aus können wir weitermachen“, sagte Susanna und nahm die Zügel auf.

Lizzie ging einige Schritte zurück. „Gut, wenn du bereit bist, dann trab weiter. Immer schön gleichmäßig, bitte!“

Kate tätschelte Cohete als Entschuldigung kurz den Hals und trieb ihn dann wieder zum Trab an. Sie konzentrierte sich dieses Mal auf jeden Schritt, fest entschlossen, in der restlichen Stunde nichts mehr falsch zu machen. *Tante Lizzie ist ohnehin schon sauer genug. Da muss ich ihr nicht noch mehr Anlass dazu geben!*

Am Ende der Stunde half Kate Susanna beim Absitzen und sah dann zu, wie die Mädchen hüpfend zum Tor gingen. Lizzie folgte ihnen. Sie wechselte einige Worte mit der Mutter der beiden und winkte allen zum Schluss zum Abschied nach.

„Komm, Nando! Ich sattle dich jetzt ab“, erklärte Clara dem Pony.

Kate führte Cohete hinter ihnen her und bemerkte, dass Lizzie, statt das Tor zu öffnen, darauf wartete, mit ihr zu reden. *Jetzt kommt's!* Sie machte sich auf eine weitere Standpauke gefasst.

„Geh und ruh dich ein wenig aus!“, war alles, was Lizzie sagte. Sie nahm Kate Cohetes Führstrick aus der Hand. „Ich kümmere mich um Cohete, und Clara kann mir helfen, Belle und Sanchez zu satteln.“

„Belle und Sanchez?“, wiederholte Kate. Ihr war entgangen, dass an diesem Tag noch eine Reitstunde stattfinden sollte.

Lizzie nickte. „Eine Studentin vom örtlichen College hat einen Ausritt gebucht. Da dies ihr erster Eindruck von der Ranch sein wird, möchte ich nicht riskieren, dass etwas schiefgeht."

Problem-Kate tritt ab, dachte Kate und seufzte. Sie ging zum Ranchhaus hinüber und geradewegs in die Küche. Dort goss sie sich ein großes, kühles Getränk ein und nahm ein Schmerzmittel gegen ihr Kopfweh. Sie beschloss, sich auf die Hollywoodschaukel zu legen und zu warten, bis das Mittel wirkte. Kaum hatte sie sich hingelegt und die Augen geschlossen, wurde sie vom Dröhnen eines Motorrades aufgeschreckt. In der Annahme, dass es ein Kunde für Luis war, blieb Kate liegen und versuchte wieder einzuschlafen. Wenige Augenblicke später spürte sie, wie sie etwas an der Wange kitzelte. Kate wischte es weg, aber es kam mit Nachdruck zurück. Kate öffnete die Augen und sah Diego mit einem Gänseblümchen in der Hand über sich stehen.

„War wohl eine lange Nacht?" Er lächelte sie an.

Statt sich über seinen Besuch zu freuen, empfand Kate Ärger. Sie setzte sich auf und strich ihr Haar zurück.

„Hier." Diego hielt ihr die Blume hin. „Die ist für dich."

„Danke", sagte Kate. „Obwohl sie hübscher aussieht, wenn sie auf der Wiese wächst."

Diego machte einen etwas geknickten Eindruck. „Du bist immer noch sauer, hm?"

„Ich bin immer noch sauer?", wiederholte Kate ungläubig. „Machst du dich über mich lustig? Letzte Nacht musste ich mich von wildfremden Leuten nach Hause fahren lassen. Tante Lizzie hat auf mich gewartet und ist völlig ausgerastet. Ich stecke in gewaltigen Schwierigkeiten. Und du stehst da und glaubst, dass du mir nur irgendein blödes Blümchen schenken musst und schon ist alles wieder gut! Erst tust du so, als ob du mich wirklich gern hast, und beim nächsten Mal, als ob ich dir nichts bedeute!“

Diego ging einen Schritt zurück und dabei fiel ihm die Blume aus der Hand. „Natürlich hab ich dich gern. Du wärst doch nicht meine Freundin, wenn ich es nicht tun würde.“

Ah, jetzt will er wohl klarstellen, dass wir ein Paar sind, dachte Kate wütend. „Seit wann bin ich deine Freundin?“ Sie stand auf. „Und ich will keinen Freund, der mich hängen lässt, so wie du es letzte Nacht getan hast!“

„Ich dich hängen lassen?“ Diegos Stimme klang plötzlich verärgert. „Was genau hast du eigentlich erwartet, Kate? Ich hatte mein Motorrad nicht dabei und konnte dich deshalb nicht nach Hause fahren. Und zufällig hatte ich auch noch meinen Zauberstab zu Hause vergessen, sodass ich dich nicht nach Hause in dein Zimmer zaubern konnte. Du hast mir auch nicht gesagt, dass du zu einer bestimmten Uhrzeit daheim sein musst. Und ich fand, dass wir uns letzte Nacht toll amüsiert haben ... bis du ausgeflippt bist.“

Kate ließ sich auf der Schaukel zurückfallen und fühlte sich plötzlich der ganzen Sache überdrüssig. Diego würde nicht verstehen, dass es sein Mangel an Verständnis gewesen war, der sie letzte Nacht verletzt hatte. „Geh jetzt!“, sagte sie. „Ich kann dich im Augenblick wirklich nicht sehen.“

„Dann“, sagte Diego zornig und machte auf dem Absatz kehrt, „haben wir ja doch etwas gemeinsam.“

Kurz darauf sprang dröhnend der Motor seiner Maschine an. Mit durchdrehendem Hinterrad fuhr Diego los und raste die Zufahrt hinunter.

Kate hörte Schritte auf der Verandatreppe und sah Rafael auf sich zukommen. Dem Ausdruck seiner Miene nach zu schließen, ging Kate davon aus, dass er ihre Unterhaltung mit Diego zufällig mitbekommen hatte.

„Also, Kate Sommers", sagte er und zog sich einen Stuhl heran, „das klingt ja ganz so, als hättest du ein schlimmes Wochenende. Stimmt's?"

Kate nickte und fühlte sich zutiefst unglücklich. „Alles ist schiefgelaufen", gestand sie. „Ich wollte letzte Nacht wirklich nicht so spät nach Hause kommen. Aber Tante Lizzie glaubt, dass ich das absichtlich gemacht habe. Dann hat sie auch noch erfahren, dass ich mich von Leuten habe mitnehmen lassen, die ich gar nicht gekannt habe. Da ist sie dann völlig ausgeflippt. Aber was hätte ich denn tun sollen? Wäre ich nicht mitgefahren, dann wäre ich die ganze Nacht weggeblieben! Und jetzt habe ich mich auch noch mit Diego gestritten. Du hättest ihn letzte Nacht hören sollen, Rafael! Er hat so getan, als ob das alles keine große Sache wäre und ich nur Theater um nichts und wieder nichts machen würde. Er wollte, dass ich im Gästehaus penne, obwohl er wusste, dass Tante Lizzie wahrscheinlich aufgeblieben war und auf mich gewartet hat. So ein Blödmann!" Die Stimme versagte ihr und Rafael reichte ihr ein Taschentuch.

„In diesem Land ist es schlimm für einen Mann, wenn er seine Frau nicht beschützen kann. Diego hat seine Gefühle vielleicht hinter schlechtem Benehmen versteckt. Wenn er der Meinung war, dass das keine große Sache sei, dann konnte er auch nicht das Gefühl haben, dass er dich hängen lässt."

Kate sah Rafael erstaunt an. „So habe ich das noch gar nicht gesehen."

Rafael zuckte mit den Schultern. „Ich sage nicht, dass er sich so hätte benehmen sollen. Aber es hilft dir vielleicht zu verstehen, warum er es getan hat." Rafael hielt inne und starrte zu den Koppeln hinüber. „Ob du dich mit Diego vertragen willst, das entscheidest du. Mir ist mehr daran gelegen, dass der Streit zwischen dir und Lizzie ein Ende hat."

„Mir auch“, sagte Kate. „Ich hasse es, mich mit ihr zu streiten. Ich habe Angst, dass sie mich wegschickt“, gestand sie. „Das macht mich vermutlich zu einer wirklich schrecklichen Person.“

„Nein“, sagte Rafael nachdenklich. „Das macht dich menschlich. Und Lizzie beruhigt sich schon wieder. Aber du hast ihr einen großen Schrecken eingejagt, besonders, weil du mit diesen Fremden mitgefahren bist. Sie muss die Gewissheit haben, dass du nie wieder deine Sicherheit aufs Spiel setzt; selbst wenn es aus einem guten Grund sein sollte.“

Kate nickte. „Ich fürchte nur, sie wird mir nie wieder vertrauen.“

„Ich glaube, wenn wir müde sind und unter Stress stehen, dann sagen wir oft Dinge, die wir nicht so meinen“, sagte Rafael. „Aber“, seine Augen funkelten, „es schadet nicht, wenn man dazu beiträgt, das Vertrauen einer Person wieder aufzubauen.“

Kate wartete gespannt, was als Nächstes kommen würde.

„Ich muss einen Teil der Koppel für Neema und ihr Fohlen abtrennen“, erklärte Rafael. „Das heißt, dass sie einerseits in unmittelbarer Nähe der anderen Pferde sein können, andererseits aber einen kleinen, sicheren Platz für sich haben.“ Er stand auf. „Wenn du mir hilfst, den Zaun zu bauen, trägst du auch dazu bei, Lizzies Vertrauen wieder aufzubauen. Das wäre doch perfekt, oder?“

Kate schmunzelte. „Nicht perfekt!“ Sie lachte und tat so, als wollte sie ihm widersprechen. „Aber ich nehme an, es wäre ein Anfang.“

KAPITEL 9

Kate ließ den Gummihammer auf den letzten Pfosten niedersausen. „Wie war der?“, keuchte sie, als sie den Holzpfosten in den Boden hämmerte.

„Gut gemacht!“, ächzte Rafael verschwitzt. „Heute Nachmittag nageln Luis und ich die Bretter dran.“

Kate schlug ein letztes Mal auf den Pfosten und setzte dann den Hammer ab. „Ich sehe vor dem Mittagessen noch mal nach Neema, wenn das in Ordnung ist?“

„Geh nur!“ Rafael nickte. „Das hast du wirklich gut gemacht.“

Kate nahm ihre Kappe ab und wischte sich über die Stirn. „Dann bis später.“ Sie ging zur unteren Ecke der Koppel, kletterte über den Zaun und rannte zum Stall hinüber. Nando hatte man als Gesellschaft für Neema in der Box neben der Stute gelassen. Kate war bewusst, dass Neemas dunkle Augen jeder ihrer Bewegungen folgten, als sie zur Sattelkammer lief, um eine Kardätsche zu holen. Sie gab ein wenig Futter in einen Eimer, trug die Sachen zu Neemas Box und ging hinein.

Neemas Ohren zuckten argwöhnisch, als Kate ihr den Eimer hinhielt. „Komm, mein Mädchen!“, redete Kate der Stute gut zu. „Du kennst doch die Prozedur.“ Sie wartete, bis Neema zu fressen begann, und fuhr dann mit der Hand den Hals der Stute entlang. Nach einigen Minuten nahm Kate die Bürste und strich damit über Neemas Fell. Zu ihrer Überraschung schreckte die Stute nicht zurück, und Kate bearbeitete mit der Bürste vorsichtig Neemas Flanke. Sie spürte eine pulsierende Bewegung, die sich über die Bürste auf ihre Hand übertrug, und hielt den Atem an. Das Fohlen hatte sich bewegt! Kate legte die Handfläche auf Neemas runden Bauch und spürte wieder die leichten Stöße in der Flanke der Stute. Kate schüttelte erstaunt den Kopf. „Das ist dein Baby“, flüsterte sie.

Neema fraß zu Ende und stieß einen langen, leisen Seufzer aus, als Kate fortfuhr, das Fell mit der Bürste zu bearbeiten. *Sie genießt es*, begriff Kate. Sie tätschelte Neema sanft und trat dann einen Schritt zurück. Als sie gerade die Tür öffnen wollte, zögerte sie. Sie drehte sich zu Neema um und sah den unverwandt auf sie gerichteten Blick der Stute. „Vertrau mir!“, murmelte Kate. Sie ließ ihre Finger in Neemas Halfter gleiten und zog sanft daran. Zu ihrer Freude ging die Stute zwei Schritte vorwärts. Gleich darauf stemmte sie jedoch die Hufe in den Boden und weigerte sich, noch einen Schritt zu gehen.

„Wir sehen uns später, mein Mädchen“, flüsterte Kate ihr zu, ließ das Halfter los und huschte aus der Box. Auf dem Hof stieß sie einen triumphierenden Freudenschrei aus. „Wow! Juhu! Schon zwei Schritte!“ In ihrer Fantasie sah sie sich schon, wie sie Neema um den Hof führte und ein winziges Fohlen hinter ihnen hertrabte.

Sie eilte ins Haus, da sie darauf brannte, den anderen die Nachricht mitzuteilen. Ihre Freude verflog in dem Moment, in dem sie die Küche betrat. Clara und Lizzie saßen schweigend am Tisch und aßen Hähnchensalat. Lizzies Gesichtsausdruck wirkte hart wie Granit.

Kate wusch sich die Hände und setzte sich zu ihnen an den Tisch. Mithilfe eines Löffels und einer Gabel häufte sie etwas von dem Salat auf ihren Teller. „Wie war der Ausritt?“, fragte sie Lizzie.

„Danke, gut“, antwortete die einsilbig.

Kate sah Clara in einem stillen Hilferuf an, etwas zur Unterhaltung beizutragen, aber ihre Cousine starrte nur verträumt aus dem Fenster.

„Wie waren Sanchez und Belle?“, versuchte Kate es wieder.

„Sie haben ihre Sache gut gemacht“, gab Lizzie ihr zur Antwort.

Kate bestrich ein Brötchen mit Butter und biss davon ab. „Rafael und ich haben alle Pfosten für die neue Umzäunung aufgestellt.“

Lizzie nickte und wandte sich an ihre Tochter. „Gehst du heute Nachmittag wieder zur Probe?“, fragte sie Clara.

„Ja“, antwortete Clara. „Ich muss in zehn Minuten los.“

Kate starrte auf ihren Teller und versuchte, sich nicht von ihren verletzten Gefühlen überwältigen zu lassen. Sicher, sie hatte sich in der vergangenen Nacht eine Menge verscherzt, aber wie konnte sie sich mit Lizzie versöhnen, wenn die so schrecklich kühl zu ihr war? Kate unternahm einen letzten Versuch. „Ich hab Neema das Mittagsfutter gegeben. Ihr werdet es nicht für möglich halten, aber sie hat sich tatsächlich von mir putzen und ein paar Schritte führen lassen!“

Lizzie legte ihr Besteck hin. „Du hast was?“, fragte sie leise.

Kate war sich sicher, dass ihre Tante sie bereits beim ersten Mal verstanden hatte.

„Du weißt, dass sie völlig unberechenbar ist!“ Lizzie

schüttelte verärgert den Kopf. „Um Himmels willen! Sie hat dich erst vor Kurzem angegriffen!“ Sie massierte sich den Nasenrücken und seufzte. „Du hast erneut deine Sicherheit aufs Spiel gesetzt. Nichts, was ich sage, kommt bei dir an, oder?“

Kate starrte ihre Tante ungläubig an. Sie hatte zunehmend das Gefühl, ungerecht behandelt zu werden. *Hätte sie genauso reagiert, wenn ich ihr das gestern beim Mittagessen gesagt hätte?* Kate bezweifelte das irgendwie. „Weißt du was?“, sagte sie und schob ihren Stuhl zurück. „Mir ist der Appetit vergangen.“ Sie stürmte aus der Küche und rannte in ihr Zimmer. Sie warf einen kurzen Blick auf ihren Skizzenblock und die Stifte. Aber sie wusste, dass sie viel zu durcheinander war, um zeichnen zu können. Stattdessen sah sie sich nach ihrem iPod um. *Clara*, dachte sie verärgert. *Ich wette, dass sie ihn sich ausgeliehen hat, ohne zu fragen.* Sie lief ins Zimmer ihrer Cousine und ließ ihren Blick suchend durch den Raum schweifen. Unter Claras Bett schaute ein Buch hervor. In der Hoffnung, ihren MP3-Player zu finden, kniete Kate sich nieder und tastete den Boden unter dem Bettgestell ab. Doch darunter befand sich nur das Buch. Kate starrte auf das unberührte Exemplar von „Ein Sommernachtstraum“, und schlagartig wurde ihr klar, dass ihre Zweifel hinsichtlich ihrer Cousine berechtigt waren.

Der iPod war jetzt nicht mehr so wichtig. Kate sprang auf und rannte nach unten. Als sie dort ankam, sah sie gerade noch Clara zur Haustür hinausgehen. Kate zog ihre Trainingsschuhe an und rannte nach draußen. Ein Gefühl der Panik überfiel sie, als sie sah, wie ihre Cousine auf dem Fahrrad die Auffahrt hinunterfuhr. *Ich darf sie jetzt nicht aus den Augen verlieren*, dachte sie, als sie auf den Hof rannte. Als sie ihr Fahrrad aus der Scheune geholt und es den unebenen Pfad hinaufgeschoben hatte, war Clara verschwunden.

Kate schwang ihr Bein über den Sattel und trat mit aller Kraft in die Pedale, entschlossen, ihre Cousine einzuholen. Ihre Gedanken wirbelten wild durcheinander, während sie radelte und versuchte, hinter das Geheimnis zu kommen, das Clara umgab. *Alles, nur nicht an Tante Lizzie denken*, dachte sie bedauernd. Ihr war bewusst, dass aus der Küche zu stürmen nicht gerade ein kluger Schritt gewesen war.

Kate schob den Gedanken an Lizzie beiseite und ging im Geiste all die Dinge durch, die mit Clara nicht stimmten. Erstens war da die Tatsache, dass ihre Freundinnen nichts von dem Theaterstück wussten, und schon gar nicht, dass sie an den Proben dafür teilnahm. Zweitens war sich Kate nun sicher, dass die Zeile, die Lois vor Clara zitiert hatte, gar nicht aus dem „Sommernachtstraum", sondern aus einem von Shakespeares Sonetten stammte. Aber Clara hatte gesagt, dass das die Zeile sei, die sie immer vergessen würde. Warum, wenn sie in dem Stück überhaupt nicht vorkam? Kate hatte Clara direkt gefragt, ob sie die Rolle der Helena spielte, weil sie klein und dunkelhaarig wäre. Clara hatte das bestätigt – aber Helena war groß und blond. Hermia, die andere weibliche Hauptperson, war klein und dunkelhaarig. An so viel aus dem Stück erinnerte sich Kate jedenfalls genau. Vielleicht hatte Clara die Namen der Hauptfiguren verwechselt – oder vielleicht kannte sie das Stück überhaupt nicht. Und da war schließlich noch das Exemplar mit dem Text des Stückes unter Claras Bett. Es hatte so ausgesehen, als ob es nie berührt worden wäre; nicht wie ein stark zerblättertes Textbuch einer Schauspielerin, die eine Hauptrolle spielte.

Am Ende der Zufahrt hielt Kate an. Sie sah nach links und rechts, konnte ihre Cousine aber nirgends sehen. *Sie muss nach rechts gefahren sein. In der anderen Richtung ist ja kilometerweit nichts.* Kate bog nach rechts ab und fuhr die

Straße entlang. Bald hatte sie wieder den ihr jetzt vertrauten Geschmack von Staub im Mund. Die Sonne brannte herab und machte das Treten zunehmend anstrengender. Kates Beine begannen weh zu tun, als sie die Straße vor ihr nach einem Zeichen von Clara absuchte. Als sie um eine Kurve bog, sah sie etwas Rosafarbenes aufblitzen. *Claras Rucksack*, schoss es Kate durch den Kopf. Plötzlich war sie hin und her gerissen zwischen dem verzweifelten Versuch, ihre Cousine einzuholen, und dem Wunsch, nicht von ihr gesehen zu werden. Sie behielt den Abstand bei und folgte ihr weiter. Dann verließ Clara die Hauptstraße und fuhr eine Kate unbekannte Nebenstraße hinunter. Sie führte zuerst durch Ackerland und dann durch üppig grüne Wiesen. Wer auch immer hier lebte, er war offensichtlich reich genug, um seine Wiesen das ganze Jahr über bewässern zu können!

Nach wenigen Kilometern fuhr Clara eine geteerte Zufahrt hinauf. Kate folgte ihr und musste plötzlich den Lenker heftig herumreißen, um einem großen, silberfarbenen Sportwagen auszuweichen, der aus der Zufahrt herauskam. Sie rutschte mit dem Vorderrad auf den Grasrand und verlor das Gleichgewicht, als sie gegen den Pfosten einer riesigen Holztafel stieß. Sie warf der blonden Fahrerin einen bösen Blick hinterher, aber die Frau fuhr mit zunehmender Geschwindigkeit einfach weiter. Kate entfernte sich einige Schritte von der Tafel, sah hoch und las die in schwarzen Großbuchstaben darauf geschriebenen Worte „Cloudwind Ranch“. Kate stieg wieder auf ihr Fahrrad und setzte ihre Fahrt fort. *Warum fährt Clara zur Theaterprobe auf eine Ranch?*

Die Zufahrt führte zu einem ausgedehnten, zweistöckigen Gebäudekomplex, umgeben von den erstaunlichsten Einrichtungen für Pferde, die Kate je gesehen hatte. Drei riesige Pferdeställe waren um einen makellosen Hof herum angeordnet, der in kurzer Entfernung von zwei Reitplätzen lag.

Auf den Koppeln ringsum weideten Poloponys. Ihr glattes, glänzendes Fell strotzte nur so vor Gesundheit. Kate riss den Blick von den Ponys los und folgte dem Geräusch galoppierender Hufe. Sie sah Pferde über ein flaches, grünes Feld flitzen, deren Reiter Poloschläger hoch in die Luft hielten.

Was macht Clara hier? Kate lehnte ihr Fahrrad gegen den Weidezaun und sah sich nach ihrer Cousine um. Metallisches Hufgeklapper war zu hören, als eine Pferdepflegerin zwei Ponys in Richtung Weide führte. Kate rannte zum Tor und hielt es auf.

„Danke", sagte die Pflegerin, als sie den Ponys die Halfter abnahm. „Kann ich dir helfen?"

„Äh ... ich bin mit Clara hier", sagte Kate schnell. „Aber ich bin zu den Ponys hinübergegangen, um sie zu begrüßen. Und jetzt habe ich Clara aus den Augen verloren."

„Sie ist für den Reitplatz 1 eingetragen." Die Pflegerin zeigte zu den Plätzen hinüber. Kate sah, wie Clara einen mit glänzendem Sattelzeug herausgeputzten Fuchs zum nächstgelegenen Reitplatz führte. *Eine Probe von „Ein Sommernachtstraum"? Ich fass es nicht!*

„Ja ... vielen Dank", sagte Kate. „Dann geh ich jetzt mal da rüber." Ein Gefühl aufkommender Panik machte sich in ihr breit. Clara würde ausrasten, wenn sie wüsste, dass sie ihr gefolgt war.

Ein blau und silbern lackierter Pferdetransporter mit der Aufschrift „Cloudwind, Harper Kirby" stand wenige Meter von ihr entfernt geparkt. Kate ging in Richtung des Reitplatzes, als ob sie auf der Ranch zu Hause wäre, und duckte sich dann hinter den Transporter. Über die Motorhaube hinweg beobachtete sie, wie Clara mit einem großen, dunkelhaarigen Mann redete. Kate versuchte, ihn besser sehen zu können, aber er hatte ihr den Rücken zugewandt. Er hielt den Fuchs an den Zügeln. Clara nahm währenddessen eine Reitkappe und Reitstiefel aus ihrem Rucksack. Nachdem sie sie angezogen hatte, setzte sie einen Fuß in den Steigbügel des Fuchses und schwang sich elegant in den Sattel. Dann nahm sie die Zügel in die eine Hand, um mit der anderen von dem Mann einen Poloschläger entgegenzunehmen. Gleich darauf trieb sie das Pony an.

Kate atmete tief durch, während sie beobachtete, wie der Mann sich umdrehte. *Onkel Carlos!* Sie runzelte die Stirn. *Onkel Carlos gibt Clara eine Stunde?* Wie Teile eines Puzzles, die in die letzten Lücken passten, fügte sich nun alles zu einem Gesamtbild zusammen. *Immer wenn Clara behauptet hat, zur Theaterprobe zu gehen, ist sie hierher gekommen! Warum lügt sie uns deswegen an?* Kate konnte sich nicht gegen ein Gefühl der Verärgerung über ihre Cousine wehren. Clara war es gelungen, alle auf der Batistuta-Ranch zu hintergehen. Alle dachten sogar, sie wäre nicht mehr am Reiten interessiert!

Sie beobachtete, wie Clara ihr Pferd aufwärmte, Schlangenlinien und Achterfiguren ritt und reibungslos die Fußfolge wechselte. Währenddessen saß sie geschmeidig und entspannt im Sattel. Kate spürte einen Stich des Neids. Sie würde auch gerne so gut reiten können.

Carlos warf einen Ball in die Mitte des Platzes. „Wir müssen heute an deiner Vorhand arbeiten“, erklärte er. „Sie ist die Schwachstelle vieler Spieler. Deshalb müssen wir sie zu einer deiner Stärken entwickeln. Also, denk immer dran, dass du mehr aus dem Arm als aus der Schulter heraus schlägst. Das macht es allerdings etwas schwierig, die erforderliche Power in den Schlag zu legen. Also, gib dein Bestes!“, forderte er sie auf.

Clara bewegte ihr Pony im versammelten Galopp vom Ball weg. Dann ritt sie so eine scharfe Wende, dass Kate überzeugt war, das Pony würde umfallen. Sie atmete heftig durch, als der Fuchs nach der Wende zum Spurt ansetzte und in Richtung des Balls donnerte. Clara hob den Poloschläger und schwang ihn quer über das Pony. Dabei musste sie sich über seine Schulter lehnen. Sekunden später traf sie mit vollem Schwung den Ball, der daraufhin über den Platz flitzte.

Nicht schlech t, dachte Kate voller Bewunderung. Deshalb war sie überrascht, als Carlos kritisch bemerkte: „Hast du gesehen, wie wenig Kraft in dem Schlag lag?“

Clara nickte und wendete wieder. „Mein linker Arm ist dem rechten in den Weg gekommen.“

„Genau“, bestätigte Carlos. „Und da wir die Zügel nicht fallen lassen können, müssen wir mit dem arbeiten, was wir haben. Und das sind beide Arme in engem Zusammenspiel miteinander. So, und jetzt üben wir, den Ball in diesem Winkel zu schlagen, bis du spürst, wie die Kraft auf ihn übertragen wird. Ich möchte, dass du dich darauf konzentrierst, die Schultern so zu bewegen, bis der Schlag für dich ganz natürlich wird.“

Kate verlor schließlich den Überblick, wie oft Clara den Vorhandschlag versuchte. Am Ende der Stunde flitzte der Ball jedoch doppelt so schnell über den Platz wie bei ihrem ersten Versuch.

„So, Zeit zum Abkühlen“, rief Carlos ihr zu.

Clara ließ den Fuchs am langen Zügel einige Runden auf dem Platz drehen. Dann sprang sie leichtfüßig aus dem Sattel und tätschelte das Pony, bevor sie die Steigbügel hochzog. Carlos öffnete das Tor, und Clara führte das Pony hindurch. Wenige Augenblicke später kam ein Stallbursche angelaufen und übernahm es von ihr. Kate erstarrte, als Clara in ihre Richtung sah. Sie duckte sich und betete, dass sie nicht entdeckt worden war.

„Tschüs, Papá“, hörte sie Clara sagen. „Danke für die Stunde. Sehen wir uns morgen?“

„Sicher“, antwortete Carlos.

Kate blieb wie angewurzelt stehen, als sie hörte, wie Clara auf der anderen Seite des Transporters zischte: „Ich weiß, dass du da bist, Kate. Du solltest mir lieber folgen. Sofort!“

Kate atmete ein paar Mal tief durch. Ihre Cousine fuhr bereits mit dem Fahrrad die Zufahrt hinunter. Kate lief an den Koppeln vorbei zu der Stelle, wo sie ihr Fahrrad hatte liegen lassen. Sie hob es auf und trat wütend in die Pedale, um Clara zu folgen. Allmählich verringerte sich der Abstand zu ihrer Cousine. Als sie ans Ende der Zufahrt kamen, zog Clara heftig an der Bremse und kam schlitternd zum Stehen.

„Was bildest du dir eigentlich ein?“ Clara schleuderte ihr Fahrrad auf den Boden und stellte sich Kate in den Weg. Ihre Augen funkelten vor Wut. „Ich kann nicht glauben, dass du mir nachspionierst!“

„Was ich mir einbilde?“, entgegnete Kate aufgebracht, während sie ihre Fahrt verlangsamte und schließlich anhielt. „Du bist doch diejenige, die ständig alle belügt! Du tust so, als ob du das kleine Fräulein Perfekt wärst, das sich ja so eifrig dem Theaterspiel widmet. Stattdessen hältst du dich die ganze Zeit beim Feind auf!“

Clara ging einen Schritt auf sie zu. „Wage es nicht noch einmal, meinen Papá einen Feind zu nennen!“ Ihre Wangen leuchteten rot.

„Schalte erst mal wieder dein Hirn ein!“ Kate war total aufgebracht. „Ich habe von Harper Kirby gesprochen, nicht von deinem Papá.“ Carlos hatte die Batistuta-Ranch verlassen und war auf die Cloudwind Ranch gekommen, um Harpers Team zu trainieren. Kate war überzeugt davon, dass Harper einen gewissen Einfluss auf Carlos’ endgültige Entscheidung gehabt hatte, Lizzie zu verlassen. „Fühlst du dich nicht wenigstens einen Funken schuldig?“

„Warum sollte ich?“, fragte Clara schnippisch.

„Weil wir all die Zeit und Energie, die du hier hineinsteckst, auf dem Pferdeschutzhof gebrauchen könnten." Kate fiel noch etwas ein. „Als ich hier ankam, hattest du deine Mamá fast überredet, Nando zu verkaufen und die Ranch aufzugeben. Ich wette, einer der wichtigsten Gründe, warum sie es fast getan hätte, war, weil sie dachte, dass du kein Interesse mehr am Reiten hättest! Und du hättest zugesehen, wie sie beinahe alles wegen einer Lüge geopfert hätte!"

„Warum musst du immer zu allem deinen Senf dazugeben?" Claras grüne Augen blitzten immer noch vor Wut. „Du hattest absolut kein Recht, mir hierher zu folgen wie ein mies bezahlter Privatschnüffler, um dann völlig falsche Urteile über das abzugeben, was ich tue."

Kate wurde immer wütender. „Ach, wirklich? Falsche Urteile? Das glaube ich nicht. Ich habe gewusst, dass du uns belogen hast! Ich hab's gewusst! Diese Zeile, die Lois vor dir zitiert hat, stammt nicht aus dem ‚Sommernachtstraum', sondern aus einem Sonett. Und nicht Helena ist klein und dunkelhaarig wie du, sondern Hermia, die andere weibliche Hauptfigur. Und das Textbuch zu dem Stück in deinem Zimmer hast du kein einziges Mal angerührt, seit du es als Teil deines riesigen Lügengebäudes gekauft hast! Erzähl mir also nichts von einem mies bezahlten Privatschnüffler. Sherlock Holmes hat mir nichts voraus!"

„Also schnüffelst du jetzt auch noch in meinem Zimmer herum? Das ist ja wohl der Gipfel! Und das sagt die Frau, die die ganze Nacht wegbleibt und klaut."

„Vergiss es! Das ist ein alter Hut!" Kate hielt abwehrend die Hand hoch. „Damit kommst du doch immer wieder, wenn du im Unrecht bist. Aber damit versuchst du nur, nicht in die Schusslinie zu geraten", fügte sie hinzu, „Wie wolltest du es eigentlich hinbekommen, tatsächlich nicht in diesem Theaterstück aufzutreten? Hattest du vor, eine Krankheit vorzutäuschen oder dich mit einem Unglücksfall in der Familie zu entschuldigen?"

Clara senkte den Blick.

Kate schüttelte den Kopf. „Du weißt", begann sie, „du weißt, dass das, was du tust, falsch ist. Was glaubst du, wie Tante Lizzie sich fühlen wird, wenn sie es herausfindet?"

Clara sah zu ihr hoch. „Ich kann dir sagen, wie sie sich fühlen würde ... schrecklich! Weil alle unsere Poloponys weg sind, und sie es sich nie wird leisten können, mir ein richtiges Polopony zu kaufen oder mir ein Training zu bezahlen." Sie atmete hastig und abgehackt. „Als Papá uns verlassen hat, war Mamá klar, dass nicht nur unsere Familie zerstört war, sondern auch mein Traum, professioneller Polospieler zu werden. Aber das ist alles, was ich werden möchte, Kate. Mamá hat sich mit Schuldgefühlen herumgeschlagen, dass sie nicht genug getan hat, damit Papá bleibt. Da konnte ich nicht auch noch mit Klagen ankommen, nicht mehr trainieren zu können! Deshalb hab ich so getan, als ob ich mich nur für Polo interessiert hätte, um Papá einen Gefallen zu tun. Nachdem er weg war, habe ich ihr gesagt, dass ich mich nun auf das konzentrieren kann, was ich schon immer tun wollte: Theater spielen."

Kates Wut verflog und sie verspürte plötzlich den Drang, ihre Cousine zu umarmen. „Das tut mir so leid."

Clara seufzte. „Du glaubst doch nicht etwa, dass mir diese ganze Heimlichtuerei Spaß macht, oder?"

„Ja, also, zumindest hast du ein ziemlich überzeugendes Schauspiel geboten. Vielleicht solltest du doch Schauspielerin werden", sagte Kate und grinste. „Obwohl du an deinem Verständnis für Shakespeare noch etwas arbeiten musst!"

Clara schüttelte den Kopf. „Ich hätte wissen müssen, dass du es herausfindest. Du merkst alles."

Kate war überrascht. „Tu ich das?"

Clara fuhr sich mit der Hand übers Gesicht. Sie sah müde aus. „Ja. Ich weiß nicht, wie ich es beschreiben soll, aber mir kommt es so vor, als ob du geradezu eine Antenne für so was hättest."

„Aber warum bist du dann so böse auf mich?", fragte Kate traurig.

Clara versetzte ihr einen freundschaftlichen Schubs. „Du hast für so was genauso ein Gespür wie für Pferde. Du weißt immer, wie sie sich fühlen, und sie reagieren dementsprechend auf dich."

Kate musterte ihre Cousine aufmerksam und suchte nach einem Argument, dass sie unrecht hatte. Sie dachte daran, wie übellaunig Sanchez während der ersten Tage auf der Ranch ihr gegenüber gewesen war, und wie Neema sie angegriffen hatte. „Ich sehe das nicht so", erwiderte sie zweifelnd.

„Doch, das ist so", entgegnete Clara. „Nur weil du im Umgang mit Pferden noch etwas unerfahren bist, bedeutet das nicht, dass du kein Talent hast."

Kate biss sich auf die Lippe, um ihre Cousine nicht breit anzugrinsen. Sie hatte keine Ahnung gehabt, dass Clara so eine hohe Meinung von ihr hatte.

Clara schlang die Arme um sich. „Mann, ich steck ganz schön in der Tinte, wenn Mamá das erfährt."

Kate zögerte. Es könnte für Lizzie das Fass zum Überlaufen bringen, wenn sie erfuhr, dass Kate Clara dabei half, etwas vor ihr geheimzuhalten. *Aber ich kann doch Clara nicht im Stich lassen*, dachte sie, als sie in das blasse Gesicht ihrer Cousine sah. „Du bekommst schon keine Schwierigkeiten", sagte sie mit Bestimmtheit. „Ich verrate Tante Lizzie nichts. Das würde sie nur aufregen. Und das wollen wir doch beide nicht. Natürlich verstehe ich auch, dass du dein Training nicht aufgeben kannst. Aber versprich mir nur eins, bitte, ja?“

„Alles, was du willst.“ Claras Augen leuchteten auf.

„Belüg mich bitte nie wieder!“, sagte Kate mit Nachdruck. „Abgemacht?“

„Versprochen!“ Clara strahlte.

KAPITEL 10

„Ich vermisse Papá."

Kate fragte sich einen Moment, ob sie Clara falsch verstanden hatte. Sie trat noch fester in die Pedale, um ihre Cousine einzuholen. „Was?"

„Nichts", sagte Clara, „ich hab nichts gesagt."

„Doch, hast du", widersprach Kate. „Du hast gesagt, dass du deinen Papá vermisst."

„Vergiss es!" Clara hielt den Blick gerade nach vorn gerichtet. „Du hast ihn trotzdem immer noch auf dem Kieker."

Kate musste sich hinter Clara einreihen, da sich ihnen ein Lastwagen näherte. Sie wartete, bis er vorbeigedonnert war, und setzte dann zu einem neuen Spurt an, um wieder neben Clara zu fahren. „Das ist zu hart."

„Ich weiß. Aber das sieht dir wieder mal ähnlich", scherzte Clara.

„Was ist eigentlich mit ihnen passiert?" Kate hatte nie mit Clara über die Trennung ihrer Eltern gesprochen.

„Sie haben sich irgendwie auseinandergelebt", antwortete Clara mit klangloser Stimme. „Es gab keinen Streit. Sie haben einfach immer weniger Zeit miteinander verbracht. Papá wurde völlig vom Training des Teams in Anspruch genommen und bei den wenigen Gesprächen, die er und Mamá geführt haben, ging es nur um Pferde. Obwohl Mamá in dem Team mitgearbeitet hat, hatte sie nicht viel mit Papá auf dem Hof zu tun. Eines Tages, als ich von der Schule nach Hause kam, haben sie mich schon in der Küche erwartet. Ich hab gleich gewusst, dass etwas nicht stimmt, weil sie zusammen am Tisch saßen." Sie hielt inne. „Innerhalb von drei Tagen hatte Papá seine Sachen gepackt und war weg", fuhr Clara fort. „Er hat die Pferde vom Hof abtransportiert, während ich in der Schule war. Das war das Schlimmste überhaupt: Die Zufahrt entlangzugehen und all die leeren Weiden zu sehen."

„Warst du denn nicht wütend auf ihn?" Kate konnte nicht verstehen, dass ihre Cousine ihm so schnell verziehen hatte.

Clara seufzte. „Natürlich wäre mir lieber, wenn er uns nicht verlassen hätte. Aber wem wäre damit geholfen, wenn ich mich weigern würde, ihn zu treffen? Das würde doch nur bedeuten, dass alte Wunden immer wieder aufgerissen würden. Und Papá tut sein Bestes für uns."

Kates Fahrrad begann zu schlingern, als sie Clara einen überraschten Blick zuwarf.

„Ja, das tut er", bekräftigte Clara. „Was glaubst du, wo der Sattel für Cohete hergekommen ist, als wir so verzweifelt waren? Und dieser Freund von Señor Morinigo, der uns die Wagenladung Heu geschickt hat? Das war Papá. Aber das kann ich Mamá doch nicht sagen. Sie ist zu stolz, um Geschenke von ihm anzunehmen."

Kate schwieg. Na gut, ihre Eltern lebten in einem anderen Land, aber wenigstens lebten sie dort zusammen. Sie konnte sich nicht vorstellen, wie schlimm es wäre, wenn sie sich trennen würden. Arme Clara. „Du reitest wirklich gut", versuchte sie die Unterhaltung auf ein erfreulicheres Thema zu lenken. „Du hast auf dem Pony echt toll ausgesehen."

„Ich bin mir nicht sicher, ob ich für das lokale Jugendteam gut genug bin", entgegnete Clara. „Ich habe in zwei Wochen eine Aufnahmeprüfung. Deshalb trainiere ich zur Zeit so viel zusätzlich. Ich wäre eine der jüngsten Spielerinnen, wenn sie mich nehmen. Papá meint, dass ich gute Chancen habe."

Kate freute sich riesig für ihre Cousine. „Das ist ja klasse!" Sie verlangsamte ihre Fahrt, als das Einfahrtstor der Ranch in Sicht kam. *Wie lange wird Clara das alles noch vor Tante Lizzie geheim halten können?* Kate wollte jedoch Clara die Freude über die tolle Chance nicht vermiesen und sagte nichts. „Du solltest mir lieber einige Minuten Vorsprung geben, bevor du mir folgst", schlug sie dann vor und nickte in Richtung Ranch. „Angeblich warst du doch bei der Theaterprobe!"

„Kate?", rief Clara ihr nach, als sie wegfuhr.

Kate bremste. „Ja?"

„Ich bin froh, dass du es weißt", gestand Clara. „Es ist wirklich toll, mit jemandem ein Geheimnis zu teilen."

Kate lächelte. „Ja, mach dir also keine Sorgen." Sie stieß sich mit einem Fuß ab und fuhr die Zufahrt entlang zur Ranch. Dabei musste sie ständig die kahlen Koppeln mit den üppig grünen Weiden von Harper Kirbys Ranch vergleichen. Als sie vor dem Haus anhielt, sah sie, wie Lizzie gerade den Jeep aufschloss.

„Hallo", rief Kate ihr zu. Sie hoffte, dass die Stimmung ihrer Tante sich gebessert hatte.

Lizzie drehte sich um. „Wo warst du?" Ihre Stimme klang besorgt.

„Ach, ich bin ein bisschen mit dem Fahrrad umhergefahren", antwortete Kate ausweichend. „Ich hatte Lust auf eine kleine Tour."

„Und dir ist nicht der Gedanke gekommen, dass ich mir Sorgen machen könnte, wo du bist?" Lizzie steckte die Autoschlüssel ein und ging zu Kate hinüber. „Ich habe die letzten zwanzig Minuten damit verbracht, überall nach dir zu suchen. Und jetzt wollte ich gerade in die Stadt fahren, um zu sehen, ob ich dich dort irgendwo finden kann!“

„Ich hab doch nur eine kleine Fahrradtour gemacht“, verteidigte Kate sich.

„Ich habe kein Problem damit, wenn du eine Fahrradtour machst.“ Lizzie klang aufgebracht. „Aber ich habe ein Problem damit, wenn du mir nicht sagst, wohin du fährst. Warum denkst du nicht auch mal an die anderen Leute, Kate?“

Kate antwortete nichts darauf: *Egal, was ich sage, es ist sowieso falsch.*

„Wenn ich nicht auf dich aufpassen kann, dann bin ich mir nicht sicher, ob ich weiterhin die Verantwortung für dich übernehmen will“, fuhr Tante Lizzie fort.

Na, so was! Jetzt bekomme ich sogar schon Schwierigkeiten, wenn ich den Mund halte. Als Kate die ganze Tragweite der Worte ihrer Tante bewusst wurde, verkrampfte sich ihr Magen. Sie konnte den Gedanken nicht ertragen, die Ranch verlassen zu müssen. *Irgendwie ist das ja schon witzig! Vor ein paar Wochen habe ich noch alles getan, was ich konnte, um nach England zurückgeschickt zu werden ...*

„Du übernimmst mit Clara die Stallarbeiten, wenn ich weg bin!“ Lizzie machte auf dem Absatz kehrt. „Ich habe eine Besprechung mit dem Stadtrat und muss in etwa einer Stunde los.“

„Geht in Ordnung“, versprach Kate. „Ich fange lieber gleich damit an.“ Sie stieg vom Fahrrad und schob es zum Hof. Plötzlich wünschte sie sich, ihre Eltern sprechen zu können. *Ich ruf sie später an*, beschloss sie, während sie ihr Fahrrad wegstellte.

Die Lichter in Luis’ Werkstatt waren ausgeschaltet, und sein Overall hing an einem Haken. *Er hat heute früher*

Schluss gemacht. Kate war ein wenig enttäuscht. Es wäre schön gewesen, sich mit jemandem zu unterhalten, der ihr nicht das Gefühl gab, eine Ausgestoßene zu sein.

Kate ging gleich in den Pferdestall, wo sie von einem wiehernden Chor begrüßt wurde. Die Pferde waren während des ganzen Tages im Stall gehalten worden, um sie vor der Hitze zu schützen. Nun waren sie ganz wild darauf, ins Freie gelassen zu werden. Kate nahm ein Halfter von einem Haken draußen vor Romanys Box und ging zu der Stute hinein. Romany wartete geduldig, bis Kate ihr das Halfter angelegt hatte, und lief dann in Richtung Boxentür los. Als Kate zögernd stehen blieb, sah die Fuchsstute zu ihr zurück, so, als ob sie fragen wollte: Kommst du nicht?

Kate dachte daran, wie gut Romany sich in ihrem neuen Zuhause eingelebt hatte. „Du musst keine Angst haben, dass du weggeschickt wirst, wenn du etwas falsch machst", murmelte sie. Kate ärgerte sich, dass ihr die Tränen kamen, und wischte sich mit dem Ärmel übers Gesicht. Das Stroh raschelte leise, als Romany zu Kate zurückging und sie sanft anstupste. „Ich habe Angst", flüsterte Kate und schlang die Arme um Romanys Hals. Sie vergrub das Gesicht in der dichten, schwarzen Mähne der Stute und murmelte: „Ich will nicht weg von hier. Aber ich mache ständig was falsch. Was tu ich nur, wenn Tante Lizzie beschließt, mich wegzuschicken?" Bei dem Gedanken an ein Internat wurde ihr Herz ganz schwer. Ihre Finger klammerten sich noch stärker an Romany fest. Die Stute bewegte sich unruhig auf der Stelle, und Kate sah hoch, als sie auf der Stallgasse Schritte hörte.

„Alles in Ordnung bei dir?" Luis spähte über die Boxenwand und sah sie mit seinen bernsteinfarbenen Augen besorgt an.

Kates Blick huschte über Luis' frisch gebügeltes weißes T-Shirt und die dunkelblaue Jeans. „Wo gehst du denn hin?"

„Salsa tanzen." Luis sah etwas verlegen aus und strich sich mit den Händen über die Jeans. „Das ist ganz allein deine Schuld." Er lächelte. „Ich hätte nie gedacht, dass ich mich einmal fürs Tanzen interessieren würde – bis ich es mit dir versucht habe. Deshalb habe ich mich in der Stadt zu einem Tanzkurs angemeldet. Ich dachte, ich sollte lernen, wie man es macht, ohne die Zehen des Tanzpartners zu demolieren!"

Kate versuchte zu lächeln, um sich ihren Neid nicht anmerken zu lassen. Sie wäre gerne mit Luis zum Tanzkurs mit gegangen. *Aber dann bekomme ich wahrscheinlich Hausarrest bis zu meinem achtzehnten Geburtstag*, dachte sie traurig. *Oder bis Tante Lizzie für mich einen Flug nach England bucht.* „Ja, dann wünsche ich dir viel Spaß", bekam sie schließlich heraus. „Und versuch, nicht zu viele Knochen zu zerquetschen."

„So schlecht war ich nun auch wieder nicht, als wir miteinander getanzt haben", protestierte Luis lächelnd. „Okay, ich geb es zu. Ich bin nicht gerade der leichtfüßigste Typ." Luis lachte leise. „Wenigstens führe ich keine lauten Selbstgespräche."

„Ich hab nicht mit mir geredet!", gab Kate zurück. „Ich hab mich mit Romany unterhalten. Sie ist die Einzige hier, mit der man das vernünftig tun kann!"

Sie wartete auf eine Antwort von Luis, aber es umgab sie nur Stille. *Er ist gegangen*, wurde ihre klar. Kate ergriff Romanys Führstrick und sagte: „Komm, ich bringe dich an die frische Luft!"

Sie machte sich mit der Stute auf zur Weide. Auf halbem Weg über den Hof begegneten sie Clara. „Ich fange schon mal mit dem Ausmisten an, wenn du den Rest der Pferde hinausbringen willst", sagte sie.

Kate nickte. Sie fühlte sich zum Reden viel zu ausgelaugt. Schulanfang, Streit mit Diego, Krach mit Lizzie und die Entdeckung von Claras Geheimnis gaben ihr plötzlich das Gefühl, das alles nicht mehr zu schaffen.

Als sie zur Weide kamen, nahm sie Romany das Halfter ab und ließ sie laufen. Die Stute spazierte gemächlich über die Wiese und schnupperte an einigen spärlichen Grasflecken. Dann ließ sie sich zu Boden sinken. Mit einem Ächzen rollte sie sich zur Seite, wälzte sich im Staub und ruderte mit den Beinen in der Luft, als ob sie eine temperamentvolle Einjährige und nicht schon fast dreißig wäre. Kate ging zum Stall zurück und sah als Nächstes nach Neema. Die Stute stand mit tief hängendem Kopf in der Ecke ihrer Box. Irgendwas stimmte nicht mit ihr.

„Neema?“ Kate betrat die Box und ging durch das raschelnde Stroh schnell zu dem Pony hin. „Was ist los, mein Mädchen?“

Die Stute legte die kleinen, dunkelgrauen Ohren an und schlug heftig mit dem Schweif. Kate fürchtete, die Stute könnte plötzlich wieder nach ihr treten. Aber stattdessen stolperte Neema nach hinten und knallte mit ihrem ganzen Gewicht gegen die Boxenwand.

„Bleib ganz ruhig!“, keuchte Kate. Neemas Flanken hoben und senkten sich, und als Kate näher hinsah, bemerkte sie, dass das Fell der Stute mit einer dünnen Schweißschicht bedeckt war. Neema drehte den Kopf, um in Richtung ihres Schweifs zu sehen, und stöhnte leise.

Das Fohlen kommt! Kates Herz begann zu rasen, als sie zur Tür rannte. „Ich bin gleich wieder da“, versprach sie.

Sobald sie auf dem Hof war, schrie sie nach ihrer Cousine. „Clara! Clara!“

„Was?“ Clara kam aus der Scheune gerannt. „Was ist los?“

„Neemas Fohlen kommt!“, rief Kate. „Was sollen wir tun?“

Clara rannte über den Hof und ging zu Neema in die Box.

„Ich brauche deine Hilfe. Lauf rüber ins Haus und hol Santa, und auch Luis, wenn er nicht schon weg ist. Rafael und Mamá sind beide bei dem Treffen mit dem Stadtrat. Wir müssen allein mit der Situation fertig werden."

„Brauchen wir keinen Tierarzt? Wie kannst du jetzt nur so ruhig bleiben?", entfuhr es Kate.

„Einen Tierarzt brauchen wir nur, wenn es Probleme gibt", erklärte Clara. „Pferde fohlen normalerweise allein ohne fremde Hilfe. Und eigentlich bin ich gar nicht ruhig. Aber ich krähe auch nicht wie ein aufgebrachtes Küken, weil es erstens", sie zählte es an ihren Fingern ab, „nicht das erste Mal ist, dass auf dieser Ranch eine Stute fohlt, und zweitens, es Neema nicht helfen würde."

Kate atmete tief durch. „Ich hab's kapiert. Ich bin bald zurück." Ihr Herz hämmerte wie wild, als sie zum Ranchhaus sprintete und drin im Flur fast mit Luis zusammengestoßen wäre.

„Du bist immer noch hier!", keuchte Kate.

„Sieht ganz so aus." Luis ergriff ihre Hände, um sie zu beruhigen. „Was ist los?"

„Neema kriegt ihr Fohlen!", rief Kate. „Ist Santa da?"

„Nana!", schrie Luis in Richtung Küche. „Neema fohlt!"

Einen Augenblick später kam Santa durch die Schwingtür geeilt. „Wie weit ist sie schon?", fragte sie Kate, während sie ihre Schürze auszog.

„Ich weiß es nicht", gestand Kate.

„Na, gut." Santa streckte die Hände aus und drückte kurz Kates Arm. „Ich habe im Lauf der Jahre vielen Babys auf die Welt geholfen. Alles wird gut."

„Ja, aber wie viele Fohlen hast du geholfen, auf die Welt zu bringen?", fragte Kate, als sie zur Tür gingen.

„Das ist das erste", antwortete Santa, als sie in ihre Stiefel fuhr. „Aber eine Entbindung ist so ziemlich wie die andere."

Kate war zwar nicht davon überzeugt, aber nun war keine Zeit für lange Diskussionen. Während sie zum Hof gingen, sagte Santa: „Neema braucht viel frische, dicke Einstreu."

„Ich hole noch etwas Stroh", bot Kate an. Sie lief zur Scheune, um einen Ballen zu holen. Sie lud ihn auf eine Schubkarre und schob sie zu Neemas Box.

Clara und Santa standen bereits vor der Boxentür. „Sie ist gestresst, wenn ich bei ihr drin bin", sagte Clara zu Kate. „Wir holen uns einige Ballen Heu zum Draufsetzen und warten hier draußen, damit sie ihre Ruhe hat."

Kate nickte. „Hier ist noch frische Einstreu", sagte sie und öffnete die Boxentür. Sie verteilte das Stroh gleichmäßig auf dem Boxenboden und achtete besonders darauf, dass es entlang der Wände hoch genug aufgeschüttet war. Bevor sie hinausging, vergewisserte sich Kate, dass Neemas Heunetz voll war und sie frisches Wasser hatte. „Wir sind gleich da draußen", murmelte sie, als die Stute sich unruhig im Kreis drehte. „Du wirst sehen, alles wird gut." Kate wäre zwar gern bei ihr geblieben, aber sie wusste, dass es besser war, die Stute allein zu lassen. Deshalb verließ sie die Box.

„Ich hole uns was zu trinken", verkündete Santa. „Wir sollten uns auf eine lange Wartezeit einrichten."

Im Hinausgehen begegnete sie Luis, der mit einer Lampe und einem Verlängerungskabel aus seiner Werkstatt kam. „Die ist nicht so grell wie die andere Beleuchtung", erklärte er. „Ich hänge sie auf, sobald es dunkel wird."

Kate war von Luis' Fürsorge beeindruckt. Er legte die Lampe vor die Box und ging dann los, um einen Heuballen zum Draufsetzen zu holen. *Er ist immer da, wenn man ihn braucht.* Sie dachte daran, wie er ihr geholfen hatte, Salsa zu lernen an dem Abend, als Diego sie versetzt hatte. *Zwei Jungen, wie sie verschiedener nicht sein könnten!*

„Kommst du nicht zu spät zu deinem Salsa-Kurs?", fragte Clara Luis, als er mit einem Heuballen in den Armen zurückkam.

„Soll ich das hier versäumen?“ Luis nickte in Richtung von Neemas Box. „Ich bleibe heute Abend hier.“ Er strich sich mit den Händen über die Jeans. „Kate könnte immerhin zusammenklappen, wenn das Fohlen geboren wird. Dann muss ich doch hier sein, um bei der Schadensbegrenzung zu helfen.“

„Vielen Dank!“ Kate boxte ihn zum Spaß. „Aber ich muss dir sagen, dass ich im Erste-Hilfe-Kurs die Beste meiner Klasse war.“

„Es gab etwas in der Schule, das du gut gemacht hast?“, fragte Clara mit gespieltem Erstaunen.

„He! Ich hab sogar eine Bescheinigung, um es zu beweisen“, sagte Kate. „So, und jetzt bringe ich die übrigen Pferde auf die Weide. Es wird nicht lange dauern.“

„Lass dir ruhig Zeit“, meinte Clara. „Wir werden sowieso noch lange warten müssen.“

Kate führte die restlichen Ponys zur Weide. Dann lächelte sie und nahm ihr Handy aus der Tasche, um ihren Eltern eine SMS zu schicken. „Neemas Fohlen ist unterwegs“, tippte sie ein. „Melde mich wieder, wenn es weitere Neuigkeiten gibt.“ Sie gab auch noch Louisas Handynummer als Empfänger ein und drückte die Sendetaste.

Kate blieb noch eine Weile am Zaun stehen, um die Pferde zu beobachten. Dann ging sie zum Stall zurück. Als sie sich dem Stall näherte, hörte sie, wie Clara von Panik erfüllt rief: „Santa, komm schnell, wir brauchen dich!“

Kates Herz begann zu hämmern. *Es gibt Probleme!*

KAPITEL 11

Kate kam in den Stall und sah Santa in Richtung von Neemas Box rennen. Die Boxentür war weit geöffnet, und Clara stand in der Türöffnung.

„Ist Neema in Ordnung?“, keuchte Kate.

Clara deutete mit der Hand auf die Stute. Die scharrte aufgeregt in der Einstreu. Kate hielt sich die Hand vor den Mund, als sie unter Neemas Schweif zwei winzige Hufe hervorragen sah. Neema stöhnte. Von ihren Augen war fast nur noch das Weiße zu sehen. Sie drehte sich ständig in einem engen Kreis.

„Was ist los mit ihr?“, fragte Kate.

Clara zuckte hilflos mit den Schultern.

„Sie gerät in Panik“, sagte Santa, die dazukam. „Sie muss sich beruhigen, sonst verletzt sie noch sich oder das Fohlen. Sie muss sich auf die Geburt ihres Babys konzentrieren.“

Clara machte einen Schritt nach vorn. Neema legte die Ohren an und schlug mit einem Vorderbein aus.

Santa legte ihre Hand auf Claras Arm, um sie zurückzuhalten. „Wir regen sie nur noch mehr auf. Vielleicht sollten wir den Tierarzt rufen.“

„Lasst es mich mal versuchen“, sagte Kate. „Sie hat sich heute von mir bürsten lassen. Ich glaube, dass sie vor mir keine Angst mehr hat. Bitte!“ Sie schaute von Claras besorgter Miene in die von Luis. „Lasst mich sehen, ob sie mich an sich heranlässt.“

„Wir können es ja mal versuchen.“ Santa nickte.

Luis runzelte die Stirn. „Deine Sicherheit ist wichtiger als alles andere.“

„Wie groß kann die Gefahr schon sein, wenn sie gerade ihr Baby bekommt?“, entgegnete Kate und ignorierte die warnende Stimme in ihrem Kopf, die sagte: *Wenn Tante Lizzie erfährt, dass ich wieder etwas Gefährliches getan habe, dann gibt es wohl keine Möglichkeit mehr, dass sie mich bleiben lässt.* Sie schob das Kinn nach vorn, entschlossen, Neemas Bedürfnisse über ihre eigenen zu stellen.

„Ich glaube, Kate hat recht“, meinte Clara. „Wir können ihr ja sofort helfen, falls sich irgendwelche Schwierigkeiten ergeben.“

Kate sah ihre Cousine dankbar an und ging langsam auf Neema zu. Das Herz tat ihr weh, als die Stute den Kopf hob und sie mit ihren dunklen, schmerzerfüllten Augen ansah. „Lass dir doch von mir helfen, mein Mädchen!“, murmelte Kate. „Bitte!“

Neema stöhnte und stürzte nach vorn.

„Kate!“, keuchte Clara. „Komm raus!“

Aber ein sechster Sinn ließ Kate wie angewurzelt stehen bleiben. Sie streckte die Arme aus und legte sie um Neema, um sie zu beruhigen. „Ganz ruhig, mein Mädchen!“, sagte sie besänftigend. Neema hatte sie nicht angegriffen, sondern nur versucht, ihrem Unbehagen zu entkommen. Mit einem Schnauben zuckte Neema zurück.

„Vertrau mir!“, bat Kate und ließ ihre Arme sinken. „Ich will dir helfen.“ Sie blieb ganz ruhig, um nichts zu tun, das

Neema noch mehr hätte aufregen können. Sie begann ein Lied aus ihrer Kindheit zu singen. „Bruder Jakob, Bruder Jakob, schläfst du noch, schläfst du noch?“ Die Worte fielen ihr zusammen mit der fröhlichen Melodie ein, die tröstlich klang, während ihre Stimme an- und abschwoll. Neema zitterte. Ihr Fell war schweißnass. Sie starrte nach hinten zu ihrem Schweif und dann nach vorn zu Kate. Die stellte fest, dass die Stute völlig verwirrt war.

„Es ist dein Baby“, sagte Kate leise. „Es wird hoffentlich nicht mehr lange dauern, aber du musst dich konzentrieren. Du brauchst keine Angst zu haben. Lass mich dir helfen!“ Sie streckte ihre Hand wieder aus, aber Neema riss den Kopf hoch.

Kate wünschte sich nichts sehnlicher, als dass die Stute ihr endlich erlauben würde, sich ihr zu nähern. Was konnte sie tun, um für die Stute weniger bedrohlich zu erscheinen? Vielleicht, wenn sie Neema nicht direkt ansah? Sie drehte sich langsam um. *Ich vertraue dir*, dachte sie. *Bitte vertrau du mir auch!*

Wenige Augenblicke später stieß Neema mit ihrer Nase gegen Kates Schulter. Es war, als ob die Stute um Hilfe bitten würde.

Kate wagte kaum zu atmen, drehte sich um und legte ihre Hand auf die Flanke der Stute. Sie bewegte ihre Hand in einem winzigen Kreis, auf die Art, wie Luis es ihr gezeigt hatte, als sie Sanchez zu beruhigen versucht hatte. Sie war sich sicher, Energie durch ihre Finger fließen zu spüren. Neema blieb unter ihrer Berührung ruhig stehen. Als Kate weitermassierte, merkte sie, wie die Anspannung der Stute etwas nachließ.

Neema senkte den Kopf und sank dann langsam zu Boden. Kate ging ein paar Schritte zurück, als sich die Stute auf dem Stroh ausstreckte.

Luis betrat die Box. Neema hob mit argwöhnischem Blick den Kopf. „Geh raus!“, forderte Kate ihn auf. Sie kniete sich nieder und legte eine Hand auf Neemas feuchten Hals. „Hier ist alles in Ordnung.“

Als Luis sich zurückzog, ließ Neema den Kopf mit einem Stöhnen sinken. „Ja, so ist's recht, mein Mädchen“, murmelte Kate. „Du konzentrierst dich jetzt einfach darauf, dein Baby zu bekommen.“

Neema zitterte und schloss die Augen. Es zerriss Kate das Herz, als sie das samtige Maul des Ponys streichelte. „Du machst das großartig“, flüsterte sie. „Ich weiß, dass du Angst hast. Aber du machst das wirklich gut. Du bist erstaunlich. Weißt du das? Die Art, wie du damit fertig geworden bist, dich in einem neuen Zuhause einleben zu müssen und an eine ganze Schar von Fremden zu gewöhnen, die dich nur verwirren und verängstigen ...“ Kate verlor jegliches Gefühl für die Zeit. Die Worte strömten nur so aus ihr heraus und sie dachte an nichts anderes, als der Stute zu versichern, dass sie nicht allein war.

Neema stöhnte plötzlich wieder und hob leicht den Kopf. Kate hörte hinter sich ein Schnaufen und sah gerade noch rechtzeitig an Neemas Bauch vorbei nach hinten, um mitzubekommen, wie das Fohlen auf das Stroh glitt. Kate kämpfte gegen die Tränen an. „Du hast es geschafft!“, rief sie im Flüsterton. „Tapferes, braves Mädchen. Dein Baby ist da.“ Sie rückte etwas zurück, damit Neema an ihr Fohlen herankonnte.

Dampf stieg von dem Neugeborenen auf, als Neema begann, sein dunkles Fell abzulecken. Die riesigen, dunklen Augen des Fohlens blinzelten, als es seine Nase gegen Neema stieß.

„Ein kleines Stutfohlen“, hörte Kate ihre Tante flüstern.

Kate drehte sich um und sah, dass Lizzie und Rafael bei

den anderen am Eingang standen. „Gut gemacht, Kate!“, flüsterte Lizzie.

„Das hat alles Neema gemacht“, sagte Kate halb lachend, halb weinend. Sie wandte sich wieder der Stute zu. „Sie war erstaunlich.“ Als sie zusah, wie Neema das Fohlen beschnupperte, schnürte es Kate fast die Kehle zu. Sie hatte noch nie in ihrem Leben etwas Schöneres gesehen. Vorsichtig stand sie auf und zog sich zurück.

Lizzie nahm sie am Arm und führte sie aus der Box. „Du warst auch erstaunlich“, sagte sie. „Gut gemacht!“

Erleichtert stellte Kate fest, dass Lizzie nicht sauer auf sie war, weil sie Neema geholfen hatte.

„Ich gehe ins Haus hinüber und mache uns etwas zu essen und zu trinken.“ Santa kniff Kate sanft in die Wange. „Tapferes Mädchen!“, sagte sie. „Luis, Rafael! Ihr kommt mit und helft mir!“

Kate stand zwischen Lizzie und Clara und betrachte Neema, die immer noch ihr Fohlen beschnupperte. Lizzie legte die Arme um die Mädchen. „Sie ist eine Schönheit“, stellte sie fest.

„Ich dachte, dass das Fohlen ein Apfelschimmel wie Neema sein würde.“ Kate starrte auf das glänzend schwarze Fell des Fohlens und die winzige, weiße Flocke auf seiner Stirn.

„Das Fell wird erst später hell“, erklärte Lizzie.

Kate nickte. „Neema scheint verändert, oder?“ Sie beobachtete Neemas Zutrauen, als sie das Fohlen putzte.

Lizzie nickte. „Ich wünschte, ich hätte damals so viel Ahnung gehabt, als ich Clara bekommen habe!“

„Das sieht ganz nach einem guten Omen aus“, sagte Clara leise. „Nach einem neuen Anfang für uns alle.“

Kate biss sich auf die Lippe. Ihre Angst, dass sie gehen müsste, kam zurück. *Nicht jetzt*, sagte sie sich. *Jetzt geht es um Neema und ihr Fohlen.*

„Sie lässt mich hoffen, dass dieser Ort eine Zukunft hat", gestand Lizzie. „Vielleicht ist sie ein Zeichen, dass wir das Richtige tun."

„Wie sollen wir sie nennen?", fragte Kate.

„Mir gefällt der Name Hope – Hoffnung", sagte Clara. „Denn das ist genau, was sie ist, oder nicht?"

„Unsere strahlende Hoffnung", sagte Lizzie leise. Sie legte den Arm enger um die Mädchen. „Willkommen auf der Batistuta-Ranch, Hope."

Santa stellte einen Teller mit Heidelbeermuffins auf den Tisch. „Ich glaube, du würdest eine gute Hebamme abgeben", sagte sie zu Kate.

„Mit meinem Talent, immer das Falsche zu sagen?", lachte Kate. „Das würde ein Gemetzel geben!" Sie ging zum Waschbecken hinüber, um sich die Hände zu waschen.

„Sie wird mal mit Pferden arbeiten, wenn sie älter ist", erklärte Rafael, als er sich zwischen Luis und Clara einen Stuhl herauszog. Er behauptete das, als ob es eine Tatsache wäre.

Kate sah über ihre Schulter zu Rafael hinüber. Sie war sich sicher, dass er sie nur aufziehen wollte. Aber die Augen des alten Mannes wirkten ganz ernst, als sich ihre Blicke trafen. „Sie würde ihr Talent vergeuden, wenn sie irgendeinen anderen Beruf ergreifen würde", erklärte er.

Kate schaute auf ihre Hände hinunter, die sie gerade mit der Seife einschäumte. Sie hatte sich nie zuvor für irgendetwas besonders talentiert gefühlt. Sie biss sich wieder auf die Lippe. *Aber vielleicht habe ich es ja schon vermasselt, wenn Tante Lizzie entscheidet, dass sie mich nicht länger hierbehalten will.*

„Kann ich helfen?", fragte sie Santa, die gerade heiße Milch aufschäumte.

„Du hast heute schon genug getan. Setz dich einfach hin“, sagte Santa und goss die Milch in sechs Becher.

„Das erinnert mich an die Nacht, als Stormdancer geboren wurde“, erzählte Lizzie, während sie die Teller austeilte. „Erinnerst du dich, Rafael?“

Kate setzte sich neben Clara und hörte neugierig zu.

„Ich war überzeugt, wir würden dieses Fohlen verlieren.“ Rafael nickte. „Gala, seine Mutter, war die nervöseste Stute, die ich je gekannt habe. Nur Carlos kam mit ihr zurecht.“

„Das war eine stürmische Nacht“, warf Luis ein. „Und ein Erdrutsch hatte die Hauptstraße blockiert, sodass der Tierarzt nicht zu uns kommen konnte.“

„Was ist passiert?“, fragte Kate gespannt.

„Gala wollte sich nicht beruhigen. Der Wind heulte und der Regen prasselte auf das Stalldach nieder“, erzählte Lizzie. „Da hatte Santa die geniale Idee, die tragbare Stereoanlage zu holen und ihr klassische Musik vorzuspielen.“

„Und es hat geholfen. Sie hat sich so weit beruhigt, dass Carlos zu ihr hineingehen konnte. Dann hat er das Gleiche gemacht wie du heute Abend“, sagte Santa, während sie die Becher mit heißer Schokolade auf den Tisch stellte. Sie lächelte Kate an. „Er hat sich neben sie ins Stroh gesetzt und hat auf sie eingeredet, bis ihr Baby da war.“

„Stormdancer“, sagte Clara, „ist jetzt Papás Polopony Nummer eins.“ Ihre Stimme vibrierte vor Begeisterung. Kate stieß sie an, als Lizzie in Claras Richtung schaute.

Du hast doch angeblich jegliches Interesse an Polo verloren, schickte Kate Clara mit ihrem Blick die stumme Botschaft.

„Und, glaubst du, dass Neema jetzt ruhiger sein wird, nachdem das Fohlen da ist?“, wechselte Clara schnell das Thema.

Lizzie trank ihren Becher aus. „Vielleicht. Aber es könnte auch sein, dass sie noch nervöser wird, weil sie jetzt ein Fohlen zu beschützen hat."

Rafael schob seinen Stuhl zurück. „Ich gehe ins Bett", verkündete er.

„Ich glaube, dass das eine gute Idee für uns alle ist." Lizzie gähnte. „Den Tisch räumen wir morgen ab."

Kate schob ihren Stuhl zurück, als alle die Küche verließen. Sie war viel zu aufgeregt, um schlafen zu können. Sie ging ins Arbeitszimmer, schaltete den Computer ein und schrieb an Romanys Blog weiter.

Leuchtende Hoffnung auf der Batistuta-Ranch!

Die Menschen sind heute Abend dank eines Neuzugangs vor Aufregung nur so herumgeschwirrt. Aber dieser kam nicht mit einem Transporter. Der Pferdeschutzhof hat sein erstes Fohlen! Neema hat das entzückendste Stutfohlen bekommen, das man sich vorstellen kann. Es ist schwarz und hat eine weiße Flocke auf der Stirn. Neema und ihr Baby sind wohlauf, und die Menschen haben beschlossen, das neue Fohlen Hope zu nennen. Ja, Hoffnung gibt es für jedes Pferd und jedes Pony, das auf die Batistuta-Ranch kommt.

Nachdem sie damit fertig war, konnte Kate der Versuchung nicht widerstehen, einen letzten, kurzen Blick auf Hope und Neema zu werfen. Leise huschte sie zur Box der beiden und schaltete die Lampe ein, die Luis angebracht hatte. Im sanften Licht, das die Box erhellte, sah Neema schläfrig blinzelnd zu ihr hoch. Hope hatte sich an Neemas Seite gekuschelt und den Kopf an die Flanke ihrer Mutter gelegt.

Neema sah Kate unverwandt an. Sie hatte den Eindruck, die Stute versuchte, sich bei ihr zu bedanken.

„Ich danke dir auch", flüsterte Kate. „Danke, dass du Hoffnung auf die Ranch gebracht hast."

Hope veränderte ihre Lage, und Kate beschloss, zu gehen, bevor sie das Fohlen noch aufweckte. Und auch Neema brauchte Ruhe. „Wir sehen uns morgen“, versprach sie und schaltete die Lampe aus.

Als Kate sich aufs Haus zubewegte, ging der Mond auf. Sein Licht zeichnete schattenhafte Formen von den Pferden auf der Koppel. Kate spürte plötzlich Tränen in den Augen brennen. Sie konnte den Gedanken nicht ertragen, nach England zurückgeschickt zu werden. *Ich werde Hope nicht aufwachsen sehen, wenn mich Tante Lizzie ins Internat schickt.* Ihre Fingernägel gruben sich in ihre Handfläche. Sie würde alles tun, um bleiben zu können. Aber wie konnte sie ihre Tante überzeugen, ihr zu vertrauen, wenn dieses Vertrauen in winzige Stücke zerschmettert worden war?

Am nächsten Morgen rannte Kate noch vor dem Frühstück zu Neemas Box. Sie hielt den Atem an, als sie sah, wie das Fohlen neben Neema stand und sich an sie schmiegte. Seine Beine sahen aus, als ob sie bei der leichtesten Brise einknicken könnten. Neema stieß ein sanftes Wiehern aus. Kate sah überrascht und erfreut, wie die Stute durch das raschelnde Strohbett auf sie zukam, um sie zu begrüßen.

„Hallo, meine Schöne!“ Kate streckte die Hand aus und fuhr mit den Fingern sanft über Neemas Nüstern. Die Stute blieb ruhig stehen und schien die Berührung zu genießen. Plötzlich wich sie erschrocken zurück. Als Kate sich umdrehte, um zu sehen, was die Stute erschreckt hatte, sah sie Lizzie wenige Schritte von der Box entfernt stehen.

„Sieht so aus, als würde sie sich nur über deine Anwesenheit freuen.“ Lizzie lächelte. „Rafael hatte recht, als er gesagt hat, dass du ein Talent für Pferde hast.“ Sie spähte über die Boxentür. „Sehen sie nicht großartig aus?“

„Perfekt“, stimmte Kate zu. Lizzie hakte sich bei ihr unter.

„Komm!“, sagte ihre Tante. „Santa macht Pfannkuchen. Lass uns frühstücken, bevor wir mit der Stallarbeit beginnen.“

Während sie zum Haus zurückgingen, versuchte Kate, die richtige Formulierung für die Frage zu finden, ob sie bleiben durfte. Ihre Überlegungen endeten damit, dass sie überhaupt nichts sagte. *Was, wenn sie Nein sagt?*, schoss es ihr durch den Kopf, als sie ihre Stiefel von sich schleuderte. Dann stapfte sie durch den Flur in die Küche, wo Clara gerade den Tisch deckte.

„Ich dachte, du hättest heute Theaterprobe“, sagte Lizzie mit einem Blick auf Claras marineblaue Reithose und karierte Bluse.

„Ein probenfreier Tag macht meiner schauspielerischen Leistung nichts aus“, erklärte Clara. „Ich möchte heute hierbleiben.“

Kate sah ihrer Cousine in die Augen und lächelte. In diesem Moment klingelte es an der Haustür.

Lizzie ging, um nachzusehen, wer es war. Kurz darauf kam sie mit einem riesigen Blumenstrauß zurück. „Die sind von Carlos!“, sagte sie überrascht, als sie die Karte las. „Der Himmel weiß, wie er es geschafft hat, den Blumenhändler zu überreden, sie an einem Sonntag zu liefern.“

„Und, was steht auf der Karte?“, wollte Santa wissen, als sie einen Pfannkuchen wendete.

„Herzliche Glückwünsche zu eurem Neuzugang. Alles Liebe, Carlos“, las Lizzie. Sie atmete den Duft der Blumen ein. „Ich kann mich nicht erinnern, wann mir das letzte Mal jemand Blumen geschickt hat. Ich stell sie am besten gleich in eine Vase.“

„Woher hat er von Hope gewusst?“, fragte Kate, als Lizzie einen Schrank öffnete und darin herumzusuchen begann.

„Ich habe ihm letzte Nacht eine SMS geschickt“, gestand

Clara. Sie senkte ihre Stimme. „Ist es nicht nett von ihm, Mamá Blumen zu schicken?“

Kate sah, wie Claras Miene vor Freude zu strahlen begann. Zugleich überfiel sie eine gewisse Mutlosigkeit. *Ich hoffe, Clara glaubt jetzt nicht, dass ihre Eltern nur wegen eines Blumenstraußes wieder zusammenkommen.* Aber Kate verdrängte diesen Gedanken vorerst. Heute war ein Tag zum Feiern. Hoffnung war auf der Batistuta-Ranch angekommen!

KAPITEL 12

Als Kate Cohete an Neemas Box vorbeiführte, blieb der Wallach stehen und begann heftig zu schnuppern. Er stieß ein tiefes Wiehern aus und zerrte am Führstrick. „Du kannst sie ja bald sehen", versprach Kate, „aber im Moment brauchen die beiden unbedingt ihre Ruhe."

Kate forderte Cohete mit einem Zungenschnalzen zum Weitergehen auf und führte den Wallach in seine Box.

„Was hältst du von einem Ausritt, Kate?", schlug Lizzie vor, als sie über Sanchez' Boxentür sah. „Sattle Belle und wir reiten dann ein wenig durch die Gegend."

„Hört sich toll an", sagte Kate aufgeregt. „Soll ich Clara Bescheid sagen?"

Lizzie schüttelte den Kopf. „Ich dachte, dass es ganz nett wäre, wenn nur du und ich ausreiten würden."

Kates Aufregung legte sich, als sie losging, um das Sattelzeug für Belle zu holen. *Jetzt kommt es. Jetzt sagt sie mir, dass ich die Ranch verlassen muss. Warum sonst will sie nicht, dass Clara mitkommt?*

Kate sattelte Belle mit zitternden Händen. Als sie den Sattelgurt zum dritten Mal fallen ließ, sah sich die Stute erschrocken um. „Entschuldige, mein Mädchen“, murmelte Kate vor sich hin, als sie sich bückte, um nach dem Gurt zu greifen. Zittrig gelang es ihr schließlich, ihn zuzumachen. Sie kontrollierte, ob er nicht zu fest saß.

Während sie die Zügel über Belles Kopf zog, versuchte sich Kate die Reaktion ihrer Eltern vorzustellen, wenn sie erfuhren, dass ihre Tochter nicht mehr länger auf der Ranch bleiben konnte. *Sie stecken mich sofort ins Internat, und das war's dann. Keine Pferde und kein Reiten mehr.* Aber es waren nicht nur die Pferde und die Arbeit auf der Ranch, die sie vermissen würde. Genauso wenig wie sie sich ein Leben ohne Pferde vorstellen konnte, konnte sie sich auch ein Leben ohne Lizzie, Clara, Luis und seine Großeltern vorstellen.

Sie machte Belles Kehlriemen zu und ergriff die Zügel. „Komm, mein Mädchen!“, seufzte sie. „Komm, wir bringen das jetzt hinter uns!“

Lizzie war bereits aufgesessen, als Kate Belle auf den Hof hinausführte. „Es ist ein herrlicher Tag“, sagte sie. Ungeduldig und voller Bewegungsdrang drehte sich Sanchez im Kreis.

Kate nickte. Sie zog die Steigbügel herunter, setzte den Fuß in den einen und schwang sich in den Sattel. Sanft ließ sie sich darin nieder, nahm die Zügel auf und trieb Belle an, um Sanchez zu folgen.

Schweigend ritten sie nebeneinander. Zu Kates Überraschung schlug Lizzie einen schmalen Pfad abseits des Hauptwegs ein, der ihr bis dahin noch nie aufgefallen war. Kate lehnte sich im Sattel leicht nach vorn, als Belles Hufe gegen den Schiefer eines steilen Hügels schabten. Vor ihr spannten sich Sanchez' Muskeln an und entspannten sich wieder, als er den Aufstieg in Angriff nahm.

„Braves Mädchen!“, lobte Kate, als die Stute die letzten

Meter des Abhangs bis zum Hügelkamm hinaufkletterte. Sie ritten weiter den Kamm entlang und folgten dabei einem gewundene Pfad durch hohes Gras, das den Pferden bis zum Sprunggelenk reichte.

Lizzie deutete auf eine Ansammlung von Felsen vor ihnen. „Schau!“

Kate nahm die Zügel in die eine Hand und schirmte mit der anderen ihre Augen ab. Ein silbergraues Tier, das wie eine Kreuzung aus Eichhörnchen und Kaninchen aussah, starrte sie kurz an und huschte dann in einen Spalt zwischen den Felsen. „Ein Chinchilla!“, rief Kate erfreut. Sie hatte zu Hause in England schon einige als Haustiere gesehen, aber es war natürlich viel aufregender, sie in freier Wildbahn zu beobachten.

„Der Pfad führt da vorn schräg nach unten“, rief Lizzie warnend über die Schulter zurück. „Am Fuß des Abhangs fließt ein schmaler Bach, den wir wahrscheinlich überspringen werden. Ich möchte, dass du dich an Belles Mähne festhältst und in den leichten Sitz gehst. Sie bringt dich schon hinüber. Du musst dich nur locker ihrer Bewegung anpassen.“

„Ein Sprung!“, rief Kate.

„Nur ein kleiner.“ Lizzie drehte sich im Sattel um und lächelte. „Und? Bist du bereit?“

Kate nickte. „Bereit.“

Lizzie lehnte sich zurück, als Sanchez sich anschickte, vorsichtig den Abhang hinunterzugehen.

Kate lockerte die Zügel, um Belle mehr Freiheit zu geben. Ein Hochgefühl durchströmte sie, als sich die Pferde vorsichtig den Weg den Abhang hinunter suchten. Gelegentlich glitten ihre Hufe über kleine Steine. Vor ihnen blieb Sanchez kurz stehen und sammelte sich, bevor Lizzie ihn antrabte und die beiden durch die Luft segelten. Das Plätschern des Wassers auf den Steinen drang an Kates Ohr und sie griff in Belles Mähne. Einen Augenblick später hob Belle ab und überwand den Bach mit einem eleganten Sprung.

Kate jauchzte: „Mein erster Sprung!“

Lizzie hatte Sanchez angehalten, um zu beobachten, wie Kate den Bach überquerte. „Gut gemacht!“, beglückwünschte sie ihre Nichte. „Das war auch Claras erster Sprung. Nur dass sie keine so trockene Landung hinbekommen hat! Jetstream ist gestolpert und hat Clara abgeworfen.“

Kate beugte sich vor und klopfte Belles Schulter. „Du hast mich wirklich gut über den Bach gebracht, mein Mädchen.“

Sie ritten den Bach entlang, der langsam breiter wurde. „Kein Wunder, dass du beschlossen hast, hier zu leben“, sagte Kate. „Die Gegend ist so schön.“

„Auch nicht viel schöner als viele Gegenden in Großbritannien“, erklärte Lizzie. „Ich bin noch nirgends gewesen, wo es atemberaubender gewesen wäre als im schottischen Hochland.“ Sie hielt inne. „Hierher zu kommen, war Carlos’ Entscheidung. Argentinien bietet viel mehr Möglichkeiten, wenn es um Polo geht.“

Polo, ging es Kate durch den Kopf. *Bei Onkel Carlos dreht sich alles nur um Polo.*

„Lass uns eine Weile hier Rast machen!“, schlug Lizzie auf einer Lichtung vor. Sie zog die Füße aus den Steigbügeln und glitt von Sanchez. Dann nahm sie die Zügel über seinen Kopf, sodass er den Kopf senken und grasen konnte.

So, jetzt kommt’s, dachte Kate und wünschte sich, Belle einfach wenden und davongaloppieren zu können. Stattdessen schwang sie sich aus dem Sattel und zog die Steigbügel an den Riemen hoch. Belle rieb den Kopf kurz an Kates Arm und senkte ihn dann, um an dem saftigen Gras zu zupfen.

„Sie haben seit Monaten kein so grünes Gras mehr gesehen“, sagte Lizzie mit Bedauern. Sie setzte sich an den Rand eines Teiches und ließ ihre Füße im Wasser baumeln. „Ich wünschte, ich könnte es mir leisten, die Ranch so wie früher zu führen.“

Kate dachte an ihren Besuch auf der Ranch vor einigen Jahren. In jeder Box hatte ein glänzendes Pferd gestanden. Luis’ Werkstatt war eine Futter- und Sattelkammer gewesen, und die Weiden waren sorgfältig gepflegt worden. Sogar der jetzt von Algen verschmutzte Swimmingpool war bis zum Rand mit klarem Wasser gefüllt gewesen.

„Du musst die alten Zeiten doch sehr vermissen“, meinte Kate, als sie den Kinnriemen ihrer Reitkappe lockerte.

Lizzie zögerte mit der Antwort. „Ja, schon, aber ich sehe in dem, was wir jetzt zu tun versuchen, einen Sinn wie noch nie zuvor bei meiner Arbeit.“

Kate starrte auf das Rinnsal, das von einem kleinen Felsen herab in den Teich plätscherte. Wann würde Tante Lizzie ihr sagen, dass sie vorhatte, sie nach Hause zu schicken?

„Ich komme immer hierher, wenn ich nachdenken muss“, fuhr Lizzie fort. „Das letzte Mal war ich hier, als ich entscheiden musste, ob ich die Ranch verkaufen soll.“

„Du warst seitdem nicht mehr hier?“ Kate war überrascht. Eine leise Stimme in ihrem Hinterkopf flüsterte: *Sie ist jetzt hierhergekommen, weil sie die Entscheidung treffen muss, mich nach Hause zu schicken.*

„Ich hatte keine Chance.“ Lizzie lachte leise in sich hinein. „Seit du hier bist, ist mir jede Entscheidung aus den Händen genommen worden!“

Kates Herz begann dumpf zu pochen, als ihr klar wurde, worauf ihre Tante hinauswollte. *So, jetzt erklärt sie mir gleich, dass es ihr gelungen ist, wenigstens eine Sache ohne meine Einmischung zu entscheiden.*

Kate befeuchtete sich die Lippen. Sie wusste nicht, wie sie

es sagen sollte, aber sie wusste, dass sie die Ranch nicht verlassen konnte, ohne ihre Tante gebeten zu haben, bleiben zu dürfen. „Tante Lizzie ...“, begann sie.

Lizzie legte ihre Hand auf Kates. „Macht es dir etwas aus, wenn ich zuerst etwas sage? Ich muss dir etwas Wichtiges mitteilen.“

Kate starrte sie an.

„Ich bin so stolz auf die Art, wie du gestern Abend mit der Situation umgegangen bist“, erklärte Lizzie. „Du warst mutig, klug und so liebevoll zu Neema und Hope. Ihre Bedürfnisse standen an erster Stelle für dich und du hast dabei überhaupt nicht an dich gedacht.“ Sie atmete schnell tief durch. „Und seit wir den Pferdeschutzhof eröffnet haben, hast du wirklich schwer gearbeitet und oft mehr als nur deinen Anteil an den Stallarbeiten erledigt. Deshalb ist es mir in den letzten Tagen so schwergefallen, mit einigen Dingen klarzukommen.“

„Du hast gedacht, ich sei rückfällig geworden“, wurde Kate plötzlich klar. „Du hast gedacht, ich würde wieder Mist bauen, weswegen ich ja überhaupt zu dir geschickt worden bin.“ Sie starrte ins Wasser. „Aber ich hatte wirklich nicht vor, am Freitag die Sperrstunde zu überschreiten. Und gestern hab ich einfach nicht überlegt, als ich mit dem Rad losgefahren bin.“

„Weißt du, was ich gestern gedacht habe?“, fragte Lizzie. „Ich dachte, du würdest davonlaufen. Deshalb war ich so sauer. Ich hatte wirklich Angst um dich.“

Kate sah sie erstaunt an. „Ich würde nie von hier weglaufen“, sagte sie. „Ich bin doch gern bei dir.“

Lizzie begann zu lächeln. „Auch wenn ich tobe, weil du erst um zwei Uhr morgens nach Hause kommst?“

„Ich hatte es verdient“, sagte Kate. „Ich habe dich enttäuscht.“

Lizzie griff nach Kates Hand. „Du hättest eben zum vereinbarten Zeitpunkt zu Hause sein sollen", stimmte sie zu. „Für dich zu sorgen ist mir eine Freude, aber es bedeutet auch eine große Verantwortung für mich. Ich fürchte, dass dich manche deiner Freunde vielleicht auf Abwege führen könnten."

„Du meinst Diego", sagte Kate. „Wegen dem brauchst du dir keine Sorgen mehr zu machen. Wir haben uns getrennt. Nun ja, wir waren eigentlich auch nie zusammen ...", fügte sie hastig hinzu.

Lizzie drückte Kates Hand. „Ich weiß, dass das für dich schwer gewesen sein muss, aber ich glaube, dass du das Richtige getan hast."

„Eigentlich", sagte Kate, „hat er es mir leichter gemacht, als ich dachte."

„Dir bleiben jetzt aber noch viele andere Dinge, um die du dich hier kümmern musst", erinnerte Lizzie sie. „Schularbeiten, die Ponys und natürlich die Aufzucht von Hope. Das ist eine ganze Menge für eine einzelne Person. Und ich bin mir nicht sicher, ob dir da noch Zeit für andere Vergnügen bleibt."

Kate starrte ihre Tante erstaunt an. „Das heißt, du schickst mich nicht weg?"

„Natürlich nicht." Lizzie runzelte die Stirn. „Das hast du doch nicht wirklich gedacht ...? Ach, Kate. Wir sagen im Eifer des Gefechts manchmal Dinge, die wir gar nicht so meinen."

„Ich hab gedacht, du meinst es ernst, dass du mich nicht mehr hier haben willst", sagte Kate mit belegter Stimme.

Lizzie streckte die Hand aus und strich eine Strähne von Kates Haar zurück. „Ich verspreche dir hier und jetzt, dass ich dir nie wieder sagen werde, dass du gehen musst." Sie lächelte Kate an.

„Wirklich?“ Kate hatte das Gefühl, als ob eine Riesenlast von ihren Schultern fallen würde. „Ich darf bleiben? Für immer?“

„Natürlich darfst du bleiben.“ Lizzie streckte die Arme aus und umarmte sie. „Für immer. Wir brauchen dich.“

Kate blinzelte heftig. Sie konnte vor Tränen nichts mehr sehen. *Und ich brauche euch auch, euch alle.*

„Versprich mir nur für eine Weile keine weiteren Abenteuer mehr, ja?“

„Abgemacht“, stimmte Kate zu. „Keine weiteren Abenteuer. Ich hab’s notiert.“ Sie deutete ein Häkchen in der Luft an.

Lizzie neigte den Kopf zurück und lachte. „Ach, Kate. Ändere dich bloß nie!“

„Dieses Versprechen kann ich schon leichter geben.“ Kate spürte, wie Belle sie an der Schulter anstieß. Sie drehte sich um, und ihr Blick traf auf die Stute, die sie unverwandt anstarrte. Kate drückte ihr einen Kuss auf die samtigen Nüstern. „Ich will auch gar nicht, dass sich irgendwas ändert“, murmelte sie. „Ich will, dass alles genauso bleibt, wie es ist.“